學做龍蝦或
騎象人

一名文藝工作者的生活學指南

米哈　著

目錄

前言：寫給沒有意志力的人

為什麼我總是疲倦乏力？為什麼我總是三分鐘熱度？為什麼我總是找不到時間去培養新的興趣？更重要的是，為什麼我好像很久沒有進步了呢？

如果你也問過自己以上的問題，那我跟你算是有了一個共通點。這些問題反反覆覆出現在我生命的不同階段。我追問自己：難道我要與這些問題一直作伴直至老死？為什麼我沒有能力去解決這些問題呢？

我的答案是：因為我是一個沒有意志力的人。

我們看老套的電視或電影時，不是經常有主角靠著意志力戰勝病魔，或從昏迷中醒來的情節嗎？我肯定，這樣的事不可能發生在我身上，因為我連在冬天清晨醒來的意志力也沒有。但，沒有意志力，那就不能夠進步嗎？

在我疑問一個沒有意志力的人可以憑藉什麼來進步之時，我偶然讀到了著名投資人彼得・蒂爾（Peter Thiel）的一番說話。他問：「如果你計劃用十年時間完成一個計劃，那麼你應該問問自己，為什麼你不能在六個月的時間完成它呢？」

這世上還有比這個更蠢的問題嗎？因為十年不等於六個月，而是一百二十個月吧！

無論如何，蒂爾的問題至少給予我們兩個啟示：第一，時間是公平而奢侈的，哪怕擁有多少資源或財富的人都會感到時間不足；第二，有了想進步的意識，自然會去尋找可以進步的方法。

於是，我開始大量閱讀不同界別的人士如何建立自己的事業與人生，當中有作者、藝術家、心理學家、商學院教授等等，這教我明白：進步，是由好習慣累積而成。

我將研習而來的「好習慣」寫入我的筆記本，並有了分類，包括時間、健康、財富、智慧、關係、溝通，等等等等。這些筆記慢慢形成了我改善自己的原則，引領我建立起越來越自主、越來越健康的生活。

進步的關鍵，不在於意志力，而在於方法。在此，我希望跟讀者分享我的這些筆記，分享這一本關於生活學的閱讀報告。這一本書，寫給沒有意志力的人，包括我自己，好給我們指導、鼓勵、打氣。

你可能會從某些意見或教導得到啟發，也有可能不盡同意某人某書的提議，甚至發現到當中某些想法互相衝突，但我只希望大家各取所需，而又相信：只要找到適合自己的方法，那就是對的方法。

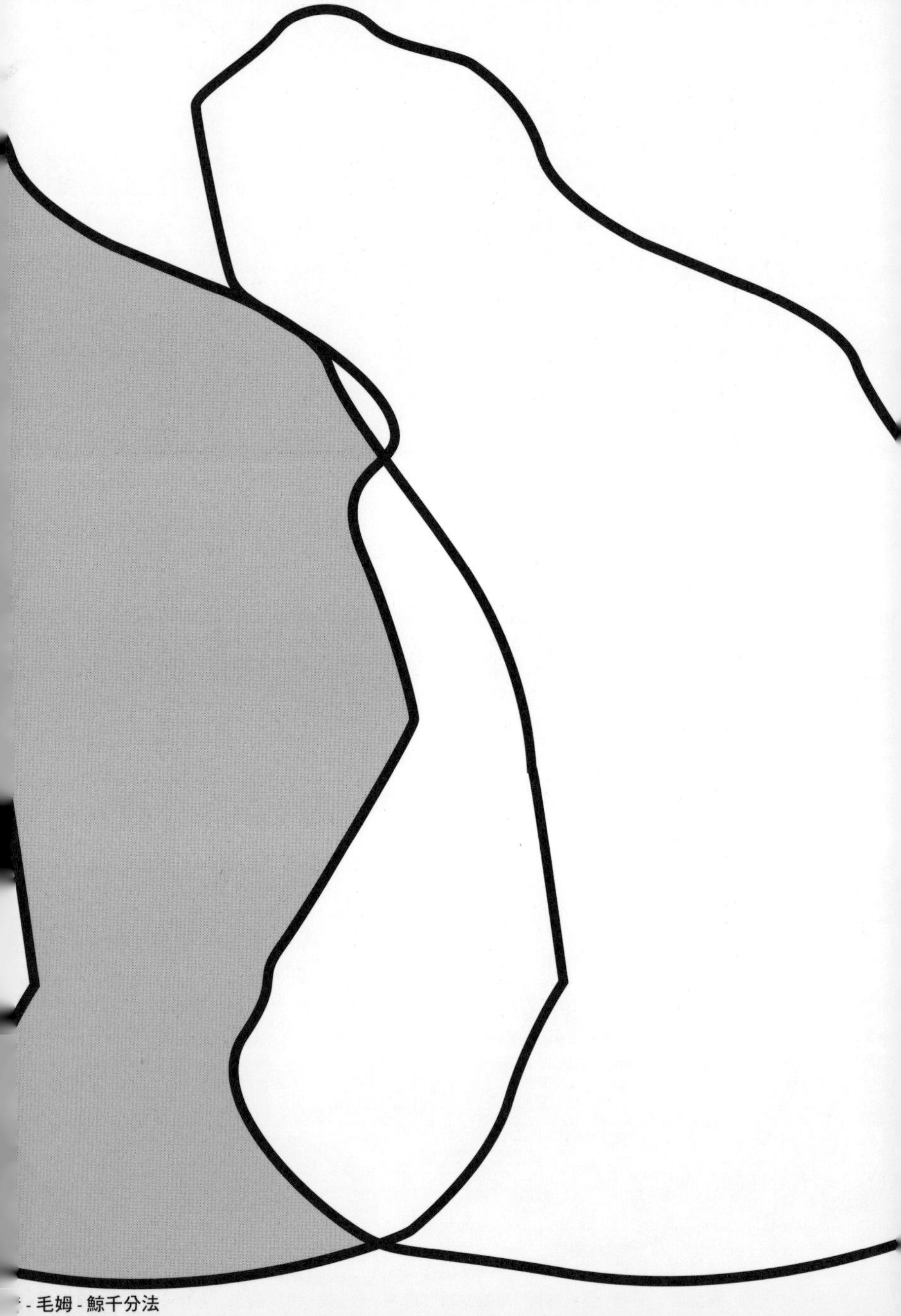

- 毛姆 - 鯨千分法

人生：不要成為第三種僕人

馬太效應 - 主人 - 自品牌 - BHAG - 伯格曼 - 不滿 - ikigai - 起床 - 勝利時間 - 20-20-20 法則 - 90/90/1 法則 - 通勤學院 - 笛卡兒 - 整理床鋪 - 心態 - 成長心態 - 塞尚 - 相信 - 吸引力法則 - 柯里爾 - 原則 - 亞馬遜人 - 單線領導 - 成功 - 十倍勝法則 - 歐慈 - 史泰隆 - 方法 - 海明威 -

《馬太福音》二十五章十四至十八節，這樣說：「一個人要往外國去，就叫了僕人來，把他的家業交給他們，按著各人的才幹給他們銀子，一個給了五千，一個給了二千，一個給了一千，就往外國去了。那領五千的隨即拿去做買賣，賺了五千，那領二千的也照樣另賺了二千，但那領了一千卻去掘地，把主人的銀子藏起來。」

後來，主人回來了，論功行賞那賺了五千與二千的僕人，卻責罵第三種僕人，說他是「又惡又懶的僕人」，並奪過他的一千，給了那賺了五千的僕人。主人說：「因為凡有的，還要加給他，叫他有餘；沒有的，連他所有的也要奪過來。」

這聖經故事成為了社會學所謂「馬太效應」的原型，即「富者越富，窮者越窮；強者越強，弱者越弱」的兩極化。馬太效應在生活或職場上十分普遍，例如表現好的人會越來越忙，而越忙越多，則表示他有更多表現能力的機會。相反，越少工作的人卻會越來越閒，任務越來越瑣碎，瑣碎到懷疑人生，失去積極工作的動力。

以上的情況是常態，關鍵是：你是前者，還是後者呢？是強者，還是弱者呢？

好學校會吸引好學生，好學生自然有好成績，又令好學校成為更好的學校；富有地區有更多錢投資而成為更富有的地區；有名氣的人憑藉既有名氣提高社會地位而變得更有名氣……

於是，馬太效應是叫我們這些輸在起跑線的人認命嗎？當然不是！馬太效應，不是一個拒絕自我進步的藉口，卻是教我們不要輕易懷疑自己，並要找到自己的優勢。

論財富，我們可能比不上有錢人，論地位，我們可能比不上貴族，但論智慧、學識、言辭、顏值、勇氣等等呢？可以比較的項目有千百種，而優勢是相對的，只要你在同儕之中有比別人強一點點的優勢，哪怕是一點點，就可以讓你進入馬太效應的軌跡，進而獲得進步的可能。

話說回來《馬太福音》的故事，如果你是第三種僕人，你會怎麼辦？要成為第一或第二種僕人乎？不，你是要立志成為**主人**！

我們可以怎樣成為自己的**主人**呢？

當我們失意或迷失時，總會聽到「你要把握你的未來」、「你要創造自己人生」一類的鼓勵，廉價得像沒有經費的廣告文案。試問有誰不知道要掌控自己的人生呢？問題是：如何把握、怎樣創造？

為了暫且不捲進「人生是什麼」的哲學題目，我認為換一個方法思考是可行的：想像自己是一個品牌，你會是怎樣的一個品牌呢？你有什麼產品或表現值得人購買（即喜歡你）？你品牌的口號是什麼呢？

在《自品牌》（*You Are The Brand*）一書，邁克・金（Mike Kim）指出，「品牌」的概念，最早來自於牧場主人在牲口身上烙下識別的標記，到了一七〇〇年代，英國陶匠約書亞・威治伍德（Josiah Wedgwood）贏得夏洛特王后賽，獲得了來自英國貴族的訂單，並以「王后御用」的標記將自己的產品與其他陶器區分開來，正式將品牌的概念帶進了商業世界。

「無論是牲口、陶器」，邁克・金說：「還是我們在網絡上呈現自己，打造品牌都是在建立身份。自品牌是將品牌的概念擴展到一個人的想法、專業知識、聲譽、個性。為了一個明確的目的，刻意建立一個面對公眾的身份」，「我們不是建立一個品牌，而是要成為自己的品牌。」

理念，是品牌的根本。自品牌的實踐，可見於一眾「理念型創業家」（Ideapreneur），如艾倫・狄波頓的「人生學校」系列書、近藤麻理惠的《怦然心動的人生整理魔法》等，他們靠自己強烈的理念、主張，創建鮮明的自品牌，並有了支持自己的追隨者。

因此，當近藤麻理惠說她放棄了「斷捨離」的理念，便隨即流失了大量追隨者。因為理念型追隨者所追隨的是一個品牌的理念，而非個人。

你可能會問：如果我沒有想成為一個創業家，而只想成為一個好員工、好丈夫，那麼「自品牌」的概念適用於我嗎？

首先，不一定是創業者才需要有自品牌。換一個說法，凡是想被人記得、認同的人都需要建立自品牌。舉例，在公司裡，你希望同事視你為一個「問題終結者」嗎？在家庭裡，你想子女視你為他們「全能的最大後盾」嗎？這些「自品牌」除了靠你的本事，還要靠自我實現的方法。

邁克・金便提出建立「自品牌」的八個步驟：擁有個人觀點；敍述動人的個人故事；運用社交平台建立好感；做好定位面對競爭；創造與受眾契合的產品；定好讓人樂意購買的價格；闡述你相信的價值；以及，與夥伴一起建立絕佳關係。

這八個步驟，每一個都可以獨立成書，大寫特寫，但我認為至關重要的，還是第一個步驟：擁有個人觀點。

當我們有了明確而令自己信服的「個人觀點」，便可以有所依靠說出「動人的個人故事」、構建「你相信的價值」，並以此與人「建立好感」及一切後續。「擁有個人觀點」既然是八個步驟的重心，邁克·金亦提供了務實而有益的提議，幫助我們找到個人觀點。他鼓勵我們回答以下這三個問題：

什麼讓你失望？

什麼讓你傷心難過？

你想解決什麼重大的問題？

驟眼看來，這三個問題平常不過，但若然你認真的、詳細的，寫下你對這三個問題的回應，這一份帶著情感的個人答案，將會成為你對世界的理性認知，也會成為你為此廢寢忘餐的生命動力。

有人擁有自己的家庭生意，有人管理一間上市公司，也有人是自僱的自由工作者。在現今多變而流動的社會，每一個工作者都是一間「企業」，都是一間「自品牌」。當我們要有企業家的精神去管理這個「自品牌」之時，在芸芸企業之中，我們應該求教於哪一些公司呢？《基業長青》的兩位作者詹姆．柯林斯（Jim Collins）與傑瑞．薄樂斯（Jerry I.Porras）替我們進行了一次篩選！

一間公司的成功，首要任務是存活。《財富》雜誌指出，新創公司的存活率少於百分之十。在此，柯林斯與薄樂斯便找來了十八間至少存活了五十年的「高瞻遠矚的公司」（Visionary Company），並找出了他們的存活與成功之道。

高瞻遠矚的公司都有核心理念。核心理念，包括價值與使命。價值是向內的，它是公司的原則與信念；使命是向外的，它是理念的實踐，也就是公司存在的理由。核心理念是一個方向盤，指導公司的整體運作與發展，令公司內的各人知道正在往哪一個目標出發。

然而，什麼樣的核心理念，才可以令一間公司變得高瞻遠矚呢？答案是四個字母：BHAG。BHAG 的全稱是「Big, Hairy, Audacious Goals」，意思是宏大、艱難、大膽的目標。柯林斯與薄樂斯指出，普通的公司也可能會有核心理念，但只有稱得上 BHAG 的核心理念，才能夠支撐一間公司經歷時間的洗禮。

一個「宏大、艱難、大膽的目標」，至少涉及長達十年的計劃。一般人以為，這樣的計劃只會流於空談，但有實際方案支持的十年目標，可以成為一間公司的信仰。所謂信仰，就是信仰外（公司外）的人未必相信或理解，但信仰內（公司內）的人深信不疑，並拼了全力去達到。

當一間公司上上下下的員工，都能夠清晰而簡潔地說出公司的 BHAG，那便是分辨該公司是否高瞻遠矚的指標。話說回來，你又能夠說出你的 BHAG 嗎？

曾經，有人問瑞典名導英格瑪．伯格曼（Ingmar Bergman）：什麼是拍電影？伯格曼答道：「每天辛勤工作八小時，只得到三分鐘的影片。而且在這八小時中，如果幸運的話，恐怕只有十或十二分鐘是真正的創作，而且它們可能根本不會降臨。那麼，你就得為自己做好再工作八小時的準備，並且祈禱這回你會得到那精彩的十分鐘。」

如此艱辛的工作，伯格曼何以樂在其中呢？伯格曼的答案是：「我以拍電影來表現自己」（I express myself by making films）。

邁克．金提醒我們，當你明白自己對世界有著怎樣的**不滿**，以及你有了處理這不滿的希望，那就成為了你的個人觀點，並會為了表現自己的個人觀點而努力，而在「一段時間之後，你可能會吸引追隨者，隨著你與這些人的關係持續發展，他們之中的一小部份可能會追隨你邁向新的冒險」。

如果叫你找出自己的失望或**不滿**，聽起來好像太悲觀的話，我們還有一個相對樂觀的方法，那就是找到你的「ikigai」。「ikigai」是日文，「iki」是生命，「kai」是原因，有人將「ikigai」譯作「生命的原因」或「活著的價值」。

多年前，兩位出生於西班牙的作者埃克特・賈西亞（Héctor García）與法蘭塞斯克・米拉萊斯（Francesc Miralles）以探討日本人的快樂與長壽之名，將「ikigai」一說寫成暢銷書，隨即令「ikigai」成為了歐美世界的一股風潮。在書中，作者教導大家以誠實而仔細的態度去回答以下四條問題，便可以找到自己「生命的原因」。

第一條問題是「你喜愛做什麼？」你可以嘗試在紙上，寫下你享受的各種事情，寫下一切你喜愛的東西，例如杯麵、看動作電影、足球、印象派畫作、名牌手袋，等等等等。

在回答第一條問題時，越仔細越好，而誠實是必要。暫時不要批判自己的喜好。哪怕是壞習慣，只要你有喜好，都先寫下來。在這階段，我們只談愛惡，不談對錯，因為我們要先找到發自內心的熱誠！

第二條問題是「你擅長什麼呢？」回答這問題的關鍵，同樣是「仔細」。請先放下你對自己的刻薄與偏見，既寫下客觀上的強項，例如各類學位、證書、資格等等（包括駕駛執照），又要寫下你主觀認為自己最拿手的事情，如烹飪、聊天、泊車等等。前者是你的專業，後者往往是有待發展成專業的潛能。

通過以上兩條問題，你會找到自己的「熱誠」與「專業」。接下來的第三條問題是「你能夠靠什麼獲得酬勞呢？」

這是一條務實的問題，而我們更要實際，甚至「苛刻」一點問自己：市場願意付錢買我什麼樣的勞動力呢？他們願意付多少錢？這些收入又會隨著資歷而如何增加？當我們心裡有數，便找到了自己的「職業」。

第四條問題，也是我認為最重要的問題：「世界需要什麼呢？」

這是一條將個人、社會、自然，以及價值觀連結起來的問題。當我們問自己「你可以為這個地球提供哪些它缺乏的東西」，答案就成為了我們的「使命」。

四條問題，引領我們找到自己的熱誠、專業、職業、使命。我們的「ikigai」正是這四個元素的組合。「活著的價值」就是熱誠、專業、職業、使命之間的平衡。

舉例，如果「熱誠」的成份比「職業」多，我們好可能會從事一份「夢想工作」。在起步時，我們浪漫地燃燒青春以滿足夢想，但當青春的烈火耗盡而糧草不足之下，我們又好可能失去支持自己繼續前行的耐力。

又例如如果「職業」的成份比「使命」多的話，收入與錢財可能會成為生活的最大滿足感，人哪怕不變得唯利是圖，也可能成為缺乏活力與朝氣的螺絲釘，到頭來發現人生為工作而活，而不是為了自己，更遑論是否為自己嚮往的價值而活了。

與其翻譯「ikigai」為「活著的價值」，更貼切它的形容，可能是「每天早晨起床的理由」。這樣讓我想起，我曾經是一個沉迷賴床的人，但哪怕是像我這樣的一個賴床慣犯，我也可以在出發去旅行的大清早，從床上爬起來去趕飛機，又或準時起身梳洗去與心儀已久的對象吃一頓豆漿油炸鬼。

於是，我們便明白：賴床的原因，不是睡不夠，而是起床的動機不足。當我們找到自己的「ikigai」，有了「活著的價值」，自然就有了「每天早晨**起床**的理由」。

關於晨早**起床**的智慧，我聽過最有用的建議，始終是：生一個小孩或養一隻寵物。以我為例，我的貓主人每天早上六時二十八分，必然會跳上床叫醒我去弄（牠們的）

早餐，不遲不早。

但，這行之有效的方法有一個基本問題，即此方法本身會令你失去更多的自主時間。如果你樂在其中，那是別論，但若然你沒有寵物，又不打算生育小孩，又想早起，那怎麼辦呢？

有一本關於晨早起床的著名書籍，作者是羅賓．夏瑪（Robin Sharma），書名是《清晨5點俱樂部》（筆者譯，英文原名 *The 5am Club: Own Your Morning. Elevate Your Life.*）。此書引起了不少人的興趣與應用，而其中一個受歡迎的關鍵在於作者「說故事」的方法。

這類生活學書籍一般都會列出鮮明的點子，再旁徵博引名人往事與歷史故事，但《清晨5點俱樂部》卻以「一個故事」來串連不同的生活學點子。這一個故事從兩名迷失在生活裡的人，遇上一名古怪的企業家說起。

企業家一步一步帶領迷失者尋回軌道，邁向他們自我定義的成功，而第一步就是：要早起床！

夏瑪寫道：「出色地照顧好你一天的開始，餘下一日的時間自然會照顧好自己。掌握你的早上，便能振奮你的生命。」夏瑪（或故事中的企業家）定義晨早起床的時間謂「勝利時間」。

在這清晨五到六時的「勝利時間」，我們應該遵守「20-20-20」法則，即將一小時分成三個二十分鐘：第一個二十分鐘是「運動」（身體醒了，自然不會爬回床上）；第二個二十分鐘是「反省」，寫下你這一天將要處理或面對的事、冥想，或靜思；第三個二十分鐘是「學習」，讀幾頁書，或收聽一個資訊節目，重點是持之以恆。

那麼，夏瑪有說怎樣可以做到五點起床嗎？有的，那就是前一晚早點去睡！我們一定要睡滿六至八小時，不能為了早起，而犧牲休息。

夏瑪與其他生活學專家一樣，強調「專注」的重要，而他認為，專注像一個又一個的肥皂泡。肥皂泡越大，越容易破。同理，當我們要求自己專注很長很長的時間，就像要做一個很大很大的肥皂泡，難度很高，難以維持。

因此，夏瑪提出「90/90/1」法則，以九十日的時間，養成以九十分鐘完成一個目標的習慣。以一天完成最多五個目標為例，我們計劃行程時，便是計劃五個九十分鐘去完成一天的目標。

休息，讓自己走得更遠。夏瑪認為，我們應該給自己安排「每六十分鐘便休息十分鐘」的規律。如果時間許可，甚至應該安排下午有第二個二十分鐘的運動時間（第一個二十分鐘的運動在清晨的「勝利時間」）。

我曾經按照夏瑪的提議去實踐一天的行程，而結果是我的「肥皂泡」還是一個又一個的爆破。人的專注力的確有異，但可以訓練。我從十五分鐘的專注開始，現在大概可以做到專注四十五分鐘為一個段落，然後休息十五分鐘。當你看見自己的肥皂泡越做越大，那一份成就感會鼓勵你繼續嘗試更大的肥皂泡。

夏瑪的提議還有很多，例如建立自己的「通勤學院」，即善用在交通工具上的時間閱讀、收看或收聽資訊（而非娛樂的）內容；每天安排六十分鐘的學習時間（於是，我訂閱了提供網上課程的會籍）；以及最後一項，也是我做得最出色的一項，即給自己安排一星期兩次的按摩（也可以是其他可以讓你完全放鬆的活動）。

最後，不得不說，雖然書名是《清晨5點俱樂部》，但夏瑪的指導並非拘泥於我們是否可以五點起床，而是明白了活用時間的原則，配合自己的身心靈條件，了解自己是晨起人或深宵者而去善用每一天，更何況對於某些人來，硬要他們清晨五點起床，真的要命，如笛卡兒（René Descartes）。

笛卡兒是著名的愛睡者，他每天至少睡十小時，睡到日上三竿，然後賴床到十一時多才會起床，他說：「我的心靈在睡夢中漫遊過森林、花園和魔宮，體驗過各種想像得來的愉悅之後，我醒來把夜裡的夢境和白天的綺想融合在一起。」然而，這一種睡到近午才起床生活的方式，到了一六四九年便終止。那一年，笛卡兒接受了瑞典女王克麗絲汀娜（Queen Christina）的邀請，成為了女王的老師，而他們的課是在清晨五點開始。在那一個酷寒的冬天，笛卡兒任教一個月後便病倒了，十天之後，過世。

無論如何，如果你可以順利起床，又沒病沒痛的話，那就順便整理床鋪吧！

整理床鋪是我小時候極為討厭的事。每朝起身，父母都一定要我整理床鋪。當時的我睡在高架床的上格，個子小被子大，無法在床上整理。父母教我要用手抓緊被子，將被子扔出床外，在半空疊被子。

但是，被子太重了。我經常抓不住被子，直接將它扔到地上。於是我要從上架床爬到地上，拾起重重的被子回到床上，再來一次。當時的我懷疑：當床鋪每一晚都會給弄亂，為什麼我要每朝費多餘力氣去整理床鋪呢？

長大後，我偶然發現了一本書，才真正明白整理床鋪的重要。這本書的中文書名是《鋼鐵意志》，而英文原名則是 *Make Your Bed*，即「整理床鋪」，作者是威廉·麥克雷文（William McRaven）。

麥克雷文是一位美國上校，曾任美國特種作戰部隊總指揮官。退役後，他成為了德州大學校長，並曾於一次畢業禮上致詞，引用德州大學的校訓口號「改變世界從這裡開始」，分享他在海豹部隊三十七年生涯所學會的十項法則。演講在網上瘋傳，吸引了有超過一千萬人次的觀賞，也寫成了這本暢銷書。

十項教訓的第一則，正是「整理床鋪」！

「每天早晨，教官們都會來到營房宿舍。」麥克雷文說：「第一件事就是檢查他們的床，如果做的正確，被子會疊得有稜有角，床單拉得平平整整，枕頭放在床頭板下正中的位置，多餘的毯子整齊疊放在床腳下。」

這是一項平淡無奇的任務，而對於立志成為真正戰士的人來說，被要求每天早上必須將床鋪弄得完美無缺，「實在是太荒唐了」。士兵們都會想：我是來幹一番大事的，你何必在這小事上跟我每分每寸的計較呢？

答案是「如果你想改變世界，就從整理床鋪開始」，因為如果你每天早上成功整理好床鋪，那就是你完成了這一天的第一個任務。一個任務的成功，會給你一份成就感。小任務，帶來小成就，而以一個小成就來開始新一天，可以激勵你面對整日下來一個又一個的艱難任務。

更重要的是，哪怕你整天倒霉，諸事不順，當你回到床前，至少會發現有一個整齊、舒服、潔淨的床鋪迎接你回家。我們倒頭大睡，調整**心態**，起來又是再讓我們努力的一天。

常言道，**心態**決定境界，性格決定命運。但，怎樣的性格決定怎樣的命運？怎樣的心態，又決定我們怎麼樣的境界呢？

當你以為衝動的人容易失敗，又有人說做事要一鼓作氣破釜沉舟；當你以為樂觀的人容易成功，又有人說樂觀可能忽視了危機。在此，卡蘿・杜維克（Carol Dweck）的《心態致勝：全新成功心理學》（*Mindset: The New Psychology of Success*）一書，或許可以幫助我們清晰思考性格、心態與命運的關係。

杜維克不是一般的暢銷作家，而是滿有學養的研究者。她是史丹佛大學心理學教授，以及美國人文與科學院院士，被公認為社會心理學及發展心理學的國際級專家。

杜維克的研究指出，人的性格多樣而複雜，但其中一個分類是二分為「定型心態」與

「成長心態」兩大類性格。她寫道，擁有「定型心態」的人，「總是急於追求證明自我，將所有成果二分為成功或失敗」，而擁有「成長心態」的人，則是「樂觀看待自己的所有特質，將個人的基本素質視為起點，可以藉由努力、累積經驗和他人的幫助而改變、成長」。

簡言之，定型心態人格強調結果、往績、成就，而成長心態人格重視過程、未來、機會。當「定型心態」與「成長心態」切入到不同的人生範疇，便會見到這兩類性格如何決定行為模式，以至所謂的命運。

舉例，有「定型心態」與「成長心態」的兩類領袖，將會有不同的行事模式。定型心態的領袖，往往不斷找機會去證明自己比別人（包括同事和下屬）優秀，他們標榜自己的功勞、學歷，而以不同方式貶低他人。他們不願意踏出「已取得成功」的領域，更不願意面對他人的善意回應。

相反，成長心態的領袖相信「人可以發揮潛能，不談優越尊貴，而在乎成長的過程」，他們傾向謙虛受教，重視學習。他們不會輕易因為「失敗」而灰心喪志，因為他們往往不會定義挫折為「失敗」，而視之為成長與學習的過程。

以上的說法流於理論，若然應用在戀愛之上，便一目了然。

在戀愛關係之中，擁有定型心態的人會認為世界上本來就存在一個「理想伴侶」有待他或她去遇上。這心態就像童話故事一般，認為只要「找到一個對的人，從此過著幸福快樂的生活」。

驟耳聽來，這心態好像沒有什麼問題，但仔細想想：當兩個不斷在成長的人一起生活，怎可能事事契合而完全沒有磨擦和需要適應呢？

偏偏定型心態的人會認為，「理想伴侶就是命中注定的一個」，而按照這邏輯，若然雙方需要努力才達到舒服的相處，那就證明對方不是「理想伴侶」。當定型心態的人遇到相處上的問題，或發現對方的缺點時，他們傾向放棄關係，甚至看不起對方，而不是去正視處理。最後，定型心態的人總是不能維持長久的戀愛關係。

相反，擁有成長心態的人不假設世界上有一個絕對的理想伴侶，卻在找到心儀對象之後，一起努力創造理想的關係。他們不會將相處的問題歸咎於對方的缺陷，而視這些問題為雙方一起成長的可能。

擁有成長心態的人相信，持久的關係來自雙方的努力，而當有分歧時，他們願意表達自我，並期待一起解決問題，從而較定型心態的人更容易建立牢固而長久的戀愛關係。

或者，我們都會問：世界上哪有如此美好地擁有成長心態的理想對象呢？當你這樣一問，正正反映了你在運用定型心態去思考了！

你可能還未有碰見一個擁有成長心態的理想伴侶，但你可以先成為有成長心態的人。這樣的成長，既為了找到理想伴侶，又為了自我的創造，有時更是成為藝術家的必要條件。

這又讓我想起塞尚（Paul Cézanne）的故事。塞尚的藝術家之路，充滿了負評與誤解，他的作品在一八六三年無法正式在「巴黎沙龍」展出，而參與了「落選者沙龍」。在一八六四至一八六九年之間，塞尚依然落選，直至一八八二年，他的一件繪畫父親的作品才第一次成功入選，但也是他最後一次入選巴黎沙龍。

塞尚的獨特繪畫風格，得不到學院派認同，甚至也得不到太多印象派同好的欣賞。他的作品常常被批評為「醜陋」、「小孩子氣」、「不成熟」，但有著成長心態特質的塞尚，擁抱了這一份「不成熟」，堅持**相信**自己的美學概念，並以此探索印象派的新方向。塞尚如何就此成為了後印象派大師，如何啟發了馬蒂斯和畢卡索等一代後起之秀，則是後話。

轉眼間，澳洲作者朗達・拜恩（Rhonda Byrne）以《秘密》一書所提倡的「吸引力法則」已經流行了約十五年歷史。這些年間，有不少人像信仰一般跟隨書中的「秘密」行事，又有些人像我一樣對其內容半信半疑，但我還是堅持我的態度：信，即採納；疑，即備用。

那麼，《秘密》一書有什麼值得我們相信呢？那就是「**相信**」本身，不是相信它，而是相信自己。

《秘密》一書的訊息簡單明瞭：宇宙與人類之間有一個「秘密」，那就是「吸引力法則」，而「吸引力法則」的意思是「你生命中所發生的一切，都是由你吸引來的。它們是被你心中所抱持的『心像』吸引而來；它們就是你所想的。不論你心中想什麼，你都會把它們吸引過來」。

按照這個訊息，拜恩提出了三個步驟：「一，向宇宙下訂單；二，相信自己『已經擁有』；三，感恩現有一切。」她聲稱，依照這樣的步驟，人們就可以吸引到心中所想的一切。

我疑問：拜恩所指的「宇宙」是什麼呢？這涉及「神」的存在嗎？當中的「大能」是怎樣構成的呢？

當我深究這些問題時，便發現這都與「新思想運動」（New Thought Movement）有關。簡而言之，這是一種新興的信仰，既然是信仰，信則有，不信則無。

關於信仰，我大可以不多評價，但必須要問的是：假如我不相信這信仰，「吸引力法則」還有效嗎？

還記得，當年聽到「吸引力法則」一說，我第一個反應是：難道我想著自己會發達，我就真的會發達嗎？我一笑置之，便放下《秘密》一書。然而，當越來越多身邊的同事與朋友，都聲稱此法則助他們達成了什麼事之後，我又重新審視了此書，也發現了我的一些「誤解」。

「吸引力法則」之有效，並不在於作者的信仰是否真有其事，而在於它指出的一個重要邏輯，也是至關重要的信念：要改變你的狀況，首先必須改變你的想法。

「相信自己會發達」與「我真的發達了」並非雞與雞蛋的問題，而是因果關係。因為你要真的相信，才「有可能」帶來變化。

朗達．拜恩引用了作家羅伯特．柯里爾（Robert Collier）的說話：「要當作你已經擁有自己想要的事物，知道它將會在你需要的時候到來。然後，接受它們的到來。不要為它感到焦慮、擔憂；不要去想你缺少它。想成它是你的、它屬於你、它已經為你所有。」我認為，這是《秘密》一書的重點。

「吸引力法則」的有效，在於你要真的相信，才能帶來變化，但我們必然會疑問：除了信仰，這當中的邏輯是什麼呢？

「吸引力法則」的其中一位導師包伯．普克特（Bob Proctor）寫道，在你真的相信之前，先要知道自己在相信什麼，「坐下來，寫在一張紙上，用現在式來寫」，「然後，說明在每個領域你想要的生活是什麼樣子」。

「當內心釐清想要什麼的時候，你就已經在（向宇宙）要求了」，「你無須一再不斷地要求，一次就好」。我們暫且不論那宇宙能量從何而來，在脫下那神幻的面紗之後，這不過是教我們：具體地認清你想要的、肯定地寫下你想實現的。

當你認清目標，你就去相信這目標，而「吸引力法則」的「奇怪」之處，是不單叫你相信自己將會達成目標，而是教你「相信『它』已經是你的」。

拜恩要求我們對自己說：「『我現在就在接收它（你的目標）。我現在就在接收我生命中的一切美好事物。我現在就在接收（自行填入你的渴望）』，『然後去感覺它，去感覺好像你已經接收它一樣』。」

對我來說，其中的合理邏輯是：改變行為的根本方法，就是改變你的身份認同。假設你想成為作家，你不是去叫自己多一點寫作，然後成為作家，而是你真的相信自己已經是一名作家，於是你自自然然要每天寫作。

話說回來我十多年前的提問：難道我以為自己是有錢人，我就自然會有很多錢亂花嗎？其實，當你真的相信自己是有錢人，代入「成為」了有錢人，你便會知道有錢人如何不亂花錢，而是按訂下好的**原則**去花錢、計劃、生活。

「亞馬遜人」是古希臘神話的女戰士民族，傳說曾佔領小亞細亞、敘利亞等地，是一個強悍的戰鬥民族。到了當代，「亞馬遜人」之稱謂又多了一個意義，來自一個當代的企業神話：亞馬遜公司。

亞馬遜公司是一間總部設於美國西雅圖的跨國電子商務公司。一九九五年成立的亞馬遜，在二〇二〇年第四季營收突破了一千億美元大關，是記錄上最快達到這里程碑的公司。如此成功的公司，如此龐大的團體，其管理的成功之道，理所當然成為大家想學習的對象。

如果大家想了解亞馬遜公司的內部管理方式的話，《亞馬遜逆向工作法：揭密全球最大電商的經營思維》（*Working Backwards: Insights, Stories, and Secrets from Inside Amazon*）是一本不錯的入門書。第一作者柯林．布萊爾（Colin Bryar）曾任亞馬遜副總裁，並為主席謝夫．貝索斯（Jeff Bezos）的左右手，而第二作者比爾．卡爾（Bill Carr）曾任亞馬遜數位媒體副總裁，期間成功推出 Amazon Music、Prime Video、Amazon Studios 等重要項目。

此書巨細無遺列出了亞馬遜人的工作**原則**，其中有兩項值得先跟大家分享，前者關於工作管理，後者關於團隊溝通。

首先，亞馬遜人的工作概念是一個「單工專項」的思維。亞馬遜人發展出一套「單線領導」（Single-threaded Leader, STL）模式，即無論是一個小小的工作組，還是一個人數眾多的大團隊，都只有一個領導者，而這位領導者（以及他管理的團隊）只會全力以赴去投入一個單一項目，而非身兼多職。換言之，亞馬遜人的工作信念：專注單工，而非多工。

其次，亞馬遜人的溝通是以文字為本的。亞馬遜人的會議以書面文字（而非電話或ppt 簡報）為基礎，公司規定每一個會議都必須有一份以六頁紙為限的敘述文件。在會議上，與會者一起閱讀這六頁紙，繼而討論。此舉避免了沒做功課的人在會議上白坐，同時確保了會議內容的焦點。

「第一批亞馬遜人擠在三個小房間裡工作，樓下是一間經過改建的地下室，裡面堆的大部份是對面街軍用店的存貨，包括謝夫（亞馬遜公司主席）的辦公桌，都是用門板接上四乘四的金屬角鐵固定而成。地下室有一扇掛鎖的夾板門，鎖著門後亞馬遜第一個『配送中心』，房間大約有四百平方英尺。」

當我們知道了亞馬遜於一九九五年成立時的細小規模，再想一想，不過五年的時間，亞馬遜公司已有超過五百名員工。究竟，這樣的神話是如何達成的呢？

這些成功，建基於牢不可破的「亞馬遜人原則」。

二〇〇四年，謝夫．貝索斯正式推出了一項領袖培訓計劃，確立了九項領導原則（及後修訂為著名的「亞馬遜十四項領導原則」），包括：「顧客至上、全權負責、發明及簡化、領導者是對的、學習並保持好奇、選賢育能、堅持最高標準、胸懷大志、行動至上、勤儉節約、贏取信任、刨根問底、要有擔當、交付成果。」

原則，聽起來響亮，而如此這般的口號，難道我們沒有聽說過嗎？這不都是誇大其詞的叫喊嗎？

作者寫道：「在亞馬遜經常可以聽到這樣一句話：『善意沒有用，機制才有用』，沒有哪間公司可以靠著『我們必須加倍努力！』或『下次記得……』諸如此類的善意，來改善流程、解決問題或糾正錯誤。」

原則不是口號，而是大大小小機制的準則。

亞馬遜人將此等領導原則化成評估年度規劃會議、企劃的實務運作，甚至薪酬調整的標準。他們會問自己年度規劃在哪一方面做到「顧客至上」呢？在實務運作上，又是否做到「行動至上、勤儉節約」呢？更重要的是，過往一年的表現有否在十四個環節都做好而值得有更高的薪酬呢？

在此，我們更明白：原則的內容，可能因人而異，但原則化成機制，才是關鍵。這些原則，用於企業管理，而當我們構想自己作為一個自品牌，原則也可用於個人。

你可以幫自己確立一套思想和行事原則嗎？其實踐的機制又是怎樣呢？你可以想像到這些原則怎樣帶領你**成功**嗎？

什麼是**成功**呢？

企業家葛蘭特・卡爾登（Grant Cardone）有一個不錯的定義：成功是人生不同階段所定下的目標。例如，獨自往外地旅遊可以是年輕人的成功、年薪過百萬千萬可以是中年人的成功、身體健康又可以是老年人的成功。

成功的重點，不在其內容（更不應該只以金錢與財富作為指標），而在於實現這些內容的行動。假設我們已有了自我定義的「成功」，我們又可以如何達到這目標呢？

卡爾登創設了五家私人公司，年營收超過一億美元，並以他的《選擇不做普通人》（*The 10X Rule: The Only Difference Between Success and Failure*，意譯為「十倍勝法則」）一書強調，人之可以成功，在於訂下比期望大十倍的目標，以及按此目標投入比普通人大十倍的努力。

驟耳聽來，這彷彿是一個廉價而不設實際的提議，誰不知道訂下越大的目標，並且比別人更努力就會成功呢？但，卡爾登質疑：既然你知道，為什麼你還沒有去行動呢？「十倍勝法則」是為了衝擊我們的思維，撼動我們甘心當一個普通人的想法。

卡爾登認為，人們一般只會確立一個比現況進步一點點的目標，如下年度收入比現在多百分之五、每個月減肥五磅等等。這樣的設定不過是叫自己活得舒服一點，並默認自己是一個不會有重大改變的普通人。

這般設定最可怕的，並不是「你只會進步一點點」，而是你到頭來「一點進步也沒有」，這是因為現實與目標之間，往往有不可迴避的距離，達不到目標的比率比達成的高出太多倍了。

因此，卡爾登教我們以「十倍勝法則」思考，訂下一個比一般大十倍的目標。舉例，我們本來以下年度增加年收入百分之五為目標，以「十倍勝法則」思考，便要定下增加百分之五十。最後，哪怕我們只做到一半，我們的年收入也提高了百分之二十五，遠高於本來的目標。

以「十倍勝法則」設立目標，廣見於競爭極大的場域，例如運動。幾乎所有的運動員都會以成為「第一名」為目標，並為此投入最大的努力。在這成為第一名的路上，他們「至少」成為了一眾傑出的運動員。

卡爾登的「十倍勝法則」，讓我想起兒時習武時，師父對我說：「如果你的拳要打中一片木，你要想像你的拳和力能夠透達木片之後。」為什麼？「因為目標是會動的，所以你要想像到那木片之後的木片，才真的會打中木片。」

與其說「十倍勝法則」是誇張的比喻，我更覺得它是務實的提醒。

我們常常低估了達成目標的難度，以為付出了若干單位的努力便能完成，豈知在過程中才發現力有不逮而半途而廢。所謂「十倍勝法則」，或許只是將你以為達成目標的輕鬆過程，乘大十倍，還原到實事求是的程度。人要成功，本來就是困難得不可思議的任務。

「十倍勝法則」的務實，還在於要求我們先調整心理才全情投入。不少人都說著要學會「做自己」，做自己覺得輕鬆愉快的事，但卡爾登指出，我們若要成功，更要學會去做令自己恐懼的事情。

童年時，我們恐懼在兩輪單車上的不平衡感，最後，我們學會了踏單車；在成長中，我們恐懼在十人、百人、千人面前說話，最後，我們學會了公開演說；到了找工作時，我們恐懼那一次又一次的面試，最後，我們得到了工作；在工作中，我們恐懼打通那個給陌生人的電話，最後，我們得到了機會。

從小到大，我們都以克服恐懼來得到新技能，獲得好結果，從而成為更強大的自己。那麼，你憑什麼覺得人到了一定年紀，反而可以透過做輕鬆愉快的事而獲得成功呢？

卡爾登認為，恐懼是尋找成功之路的方向儀，向著你的恐懼走去，克服它，便會成為更成功的自己。成功，不是一個絕對數值，而是自己跟自己比較的過程。

又說，對於一名作家而言，什麼是我們最恐懼的事呢？好遺憾，答案好可能就是「寫作」。多產作家歐慈（Joyce Carol Oates）說：「完成第一份草稿，就像用你的鼻子推花生，並經過非常骯髒的地板一樣」；普立茲獎作家史泰隆（William Styron）更說：「讓我們面對現實，寫作是地獄」；就連一生熱愛寫作的海明威（Ernest Hemingway）也說，寫作是「可怕的責任」。

有了可怕的責任，我們便需要有可行的**方法**。

成名後的海明威，依然堅持天天早起，「一見到黎明就立刻振筆疾書」，而他面對「可怕的寫作責任」之**方法**，就是在圖表上追蹤每天的寫作產量，如是這樣「才不會欺騙自己」。

在此，我們的焦點都會落在海明威的方法，即那一張圖表，但事實上，這方法可以成功的重點，在於海明威知道自己每天的目標產量。換言之，在設定可行的方法前，我們先要確立一個可取的目標。

每年年初，你有沒有回顧上一年的年度目標呢？你有好好完成它嗎？還是你根本沒有計劃過什麼？然後，我們又會發現：每一年，我們都像重複著同一樣的動作，重複的目標、計劃，以及一次又一次的落空。

我是一個高度依賴計劃的人，若然沒有了計劃，我的日常生活便會被工作進度和別人的要求推著走，而結果就是沒有達成自己的目標。年度計劃，不一定有關事業，也可以關乎健康、財富、自我發展、家庭、人際，等等等等。重點是給自己一個方向、一個目的地，並藉此安排那一道通往目的地的路線。

從實踐和學習之中，我終於明白到，為何有些「目標」會重複的落空，又有些「目標」可以按計劃完成。這是因為我們混淆了「願望」與「目標」的分別。

願望與目標，都是我們想要的東西，但我們要弄清楚：在吹生日蛋糕時許下的是願望，有方案與規劃的才是目標。

日本成功學作者箱田忠昭，曾經寫下了一條「目標」的方程式，即「願望＋（期限＋

具體細節＋寫於紙上）＝目標」。願望與目標的內容可以一致，但目標有計劃與細節。

目標必須要有時限，好教我們不能懷有拖延的妄想。另外，當我們定下年度目標時，必須加上可以量化的具體細節。那麼，我們便可以將年度計劃細分成每月計劃、每星期計劃，甚至每天計劃。

舉例，假設我的目標是一年後寫好十萬字的小說草稿。在此，「一年」是時限，「十萬字」是可量化的細節。如是者，我便知道每月的目標是八千三百字，每星期目標是二千字，即每天目標是三百字。

如此計劃的好處有二：第一，我們能夠清楚量度計劃的進度；第二，「十萬字」是一個看似龐大而難以完成的數字，但這樣分拆後，卻成為了每天三百字的小數目。

在此，也請你想一想自己有什麼願望？然後，再想一想如何可以將這願望化成一個可量化的單位，例如將「減肥」化成「減多少公斤」、將「改善家人關係」化成「一星期見面聊天多少次」，諸如此類。

逐二兔者，不得其一。在訂下年度計劃之時，其中一個關鍵是「集中」。年度計劃經常以失敗告終，除了沒有可取的目標，更可能是我們高估了自己的行動力，又放任了自己的慾望。

舉例，以一年時間學會一個外語，本身已經是一件有難度的目標。若然我們同時想在這一年寫下一本書、辦一個展覽、組織一次家庭旅行，還想要成功創業。試問談何容易呢？

但，我們又想一想：既然這樣分心又多心的訂下目標是如此明顯的不智，為什麼我們還是會重複犯錯去這樣訂下年度目標呢？答案是我們沒有好好掌握時間與勞動的觀念。

在我學網球的時候，教練說了一句發人深省的教導，他說：「球場的大小，既大又小。當你想將球打中界內時，你會覺得球場很小，但當你要追跑去接一個球時，你又會覺得球場很大。」球場如是，時間如是。

當我們在構想年度計劃時，往往會覺得「一年」是很長的時間，所以便容許自己加入多個目標。然而，當我們真的要執行年度計劃時，又會覺得一年時間很短，不足以滿足多個願望。

這讓我們回到箱田忠昭提到的方程式：「願望＋（期限＋具體細節＋寫於紙上）＝目標」。當我們以逆向思維的方式，從目標倒向計劃細節時，我們便能更有效掌握時間的觀念。

毛姆（Somerset Maugham）不一定知道自己九十五年的人生，可以出版到接近八十本著作，但他明確知道自己的每天產量目標，及其時間：每天至少寫三小時，寫一千至一千五百字。

對於一個職業作家來說，一千至一千五百字，不是沉重負擔（我平均每天寫三千字，算是同輩中比較懶散的了），卻可以成就一本又一本著作的誕生。這也是箱田忠昭所稱的「鯨千分法」。

顧名思義，就是一天吃一點，最後吞下一整條鯨魚。

時間：我被偷襲了

曼欽 - 白忙 - 關鍵18分鐘 - 筆記 - 子彈筆記 - 一天 - 愛德華茲 - S.A.V.E.R.S - 停止孤立事件法則 - 拖延 - 五秒法則 - 行動筆記 - 進展原則 - 帕金森定律 - 效果 - 搞定五步驟 - 兩分鐘原則 - 任務時間 - 拒絕完美主義 - 萊利 - 解放

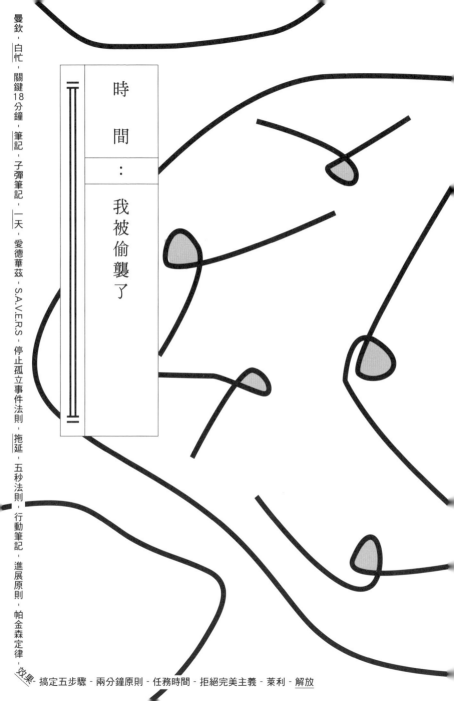

美國散文作者曼欽（H. L. Mencken）曾經在一封信中寫道：「就像大部份男人一樣，我生性懶惰，一有機會就游手好閒。」這句說話，不時湧現在我腦海，叫我提醒自己，不要像「大部份男人一樣」，更不要「游手好閒」。於是，我總是弄得自己相當忙。

我不怕忙，但我討厭不明不白的**白忙**。

我可以長時間工作，但我不要不明所以的浪費了時間。我曾經以為這只是我個人的感受，後來，我才知道這是我們現代人集體的感傷。

關於時間管理的書不少，但寫得務實而又能激勵人生的，卻可遇不可求。我遇上彼得．布雷格曼（Peter Bregman）的《關鍵18分鐘：最成功的人如何管理每一天》而願意花時間細讀，始於書中的一句話：

「昨天我打著如意算盤開始一天的工作，我一早走進辦公室，想好好做些什麼。然後，我坐下來，打開電腦、檢查電子郵件。兩小時後，滅了幾場火、解決幾個別人的問題、擺平所有從電腦和手機傳來的狀況後，我幾乎想不起來剛打開電腦時打算做什麼。我被偷襲了，而且我心裡明白得很。」

「我被偷襲了」這五字完完全全說中了我內心的感受。我肯定布雷格曼是過來人，他曾經也受過時間被盜取、偷襲之苦，他確實有過需要重新管理時間的慾望，而不是那些紙上談兵之輩。更重要的是，他找到了一個方法。

「時間被盜取了」的情況有很多，例如來自上司、家人、伴侶，甚至下屬的要求（或請求），這些情況的具體版本有不少，但本質上是一致的，那就是「急事」，更準確一點說，那些都是「別人的急事」。

對那個給我們要求的人來說，他的事是急與否，這是後話，重點是：若然我們都將排山倒海來自四面八方的要求，都看成「急事」，我們便失去了自主時間的控制權。

布雷格曼提醒我們：若然你感到自己白忙、失去了人生的方向，「你必須想清楚你想看到什麼（人生的）結果」，同時「對於現在箝制你的事物，應該盡量減少時間、力氣和可能的金錢投資」。

換句話說，難道只有別人的事是急事嗎？你為什麼不急自己所急呢？人生苦短，當你找到令你有熱情的事，你便知道那是一份怎麼回事的急。

布雷格曼提出了一個找出熱情的方法，也是一條簡單的問題，自問自答：空閒時，我在做什麼呢？

這問題的答案，就是你的熱情所在。空閒時，你會做瑜伽、網購，還是與孩子玩耍呢？請不要害羞地忠於自己的熱情，「用力看清世界的真實樣貌，而不是用你希望的樣子」，並讓熱情指導你的人生方向，將熱情發展成為你人生的事業。

事業，不一定是工作，而是自我的實現。我們可以是多產的作者，也可以是孩子的好父母、伴侶的完美愛人，以及病人的盡責醫生。

布雷格曼要求我們，嘗試在一年的計劃裡，只專注於五件事（建議三件與工作有關，兩件與個人有關），承諾自己會花百分之九十時間和精力於這五件事。這五件事，成為了你未來一年的五大焦點，「沒有公式為五大焦點排出輕重緩急。但是當時間衝突發生時，好好想想，多數時候你會知道該怎麼做。」

「對於現在箝制你的事物」，布雷格曼寫道：「你應該盡量減少時間、力氣和可能的金錢投資。」在此，布雷格曼提出了「關鍵18分鐘」的概念，那就是以每天十八分鐘的時間，去檢視自己是否邁向五大焦點。

每天進行的「關鍵18分鐘」，並不是一口氣的十八分鐘，而是如下：

- 早上，花五分鐘，在**筆記**上訂出計劃，釐清自己在「五個焦點領域」在這一天可以確實達成的事；
- 一天以來，工作中每小時暫停一下，利用一分鐘時間（以一天工作八小時計算，一共八分鐘），自問「這是我此刻該做的事嗎？」；
- 忙完一天之後，以五分鐘時間，檢討這一天過得如何，留意什麼事情做對了，什麼事情白忙了，想清楚明天應該如何改善。

這樣的檢視法，固然有違我們的生活習慣，但請你試一試吧！試行一星期，最多就是浪費了一個星期份量的十八分鐘，總好過繼續**白忙**了下一個十八年。

自二〇一四年，從美國而起的「子彈**筆記**術」風靡全球，關於「子彈筆記術」的網上片段此起彼落，《子彈思考整理術》（*The Bullet Journal Method*）一書成為國際暢銷書，而使用者更紛紛將自己的「子彈筆記」貼上社交媒體跟大家分享。

究竟，什麼是「子彈筆記術」呢？

「子彈筆記」（Bullet Journal, BUJO）的發明者是賴得・卡羅爾（Ryder Carroll）。他小時候患有注意力缺失症。這個先天的困難令他竭力苦思如何可以整理思維，並將想法轉化成行動。後來，卡羅爾發明了一套有效改善專注力的筆記系統，並建立網站教導人如何使用，那就是現在大受歡迎的「子彈筆記」。

為什麼是子彈呢？卡羅爾解釋，以「子彈」命名是「為了體現這套方法的速度、效率、內容和目的」，而子彈筆記術的第一個要訣，就是將「目標」視覺化。

怎樣視覺化我們的任務、規劃與筆記呢？首先，你要準備一本筆記本，一枝筆，並在第一頁寫下這些符號：

○ 「待辦事項」

● 已經完成的「待辦事項」（填滿了那空白的圈圈）

> 移到另一天完成的任務

< 不在本月內的任務

—— 已經取消，或不再有意義的任務

□ 你想記錄下來的個人事件或經歷

- 你想記錄下來的資料、主意、想法

* 優先事項

! 靈感符號：突如其來的靈感

以上的「符號」，就是你的「子彈」。根據卡羅爾的筆記系統，每當你寫下以上的一個符號，就像發出一粒子彈，而子彈應該指向一個指定的目標，那就是你的人生大計。

有了以上的符號，我們就可以將「每日記錄」、「每月規劃」等以列表的形式寫進筆記簿。在此，「寫下」是至關重要的。

卡羅爾的說法是：我們不能專注，是因為我們的思緒超載了，超載的思緒留下混亂，而解決的方法就是將腦中的事情寫下來，並解放腦袋的空間。「子彈筆記」成為了不少嘗試自主時間的上班族、自由工作者、企業家的隨身法寶，他們都是以寫下「每日記錄」開始的。

或許，我們會以為「每日記錄」不過是寫下日子、頁數，還有當天的任務、事件、點子。的確，以上皆是，但「每日記錄」之重要，不單在於它記錄了什麼，而是它作為「我們每天要打開筆記本」的理由。

我們不是為了記錄日程而寫筆記，而是為了透過筆記，去培養天天追蹤自己任務、行動力、完成率的好習慣。一本好的「子彈筆記」是你會喜歡打開來書寫、閱讀，甚至跟人分享的筆記。

「每日記錄」是你訓練自己書寫子彈筆記的基礎，而在此之上，你便可以建構適合自己使用的格式。一般人會加入「每月記錄」，也有人會加入「未來記錄」，用來規劃未來六個月的事項，並把你目前能想到的計劃和日期都寫下去，一目了然。

我的「子彈筆記」還有幾個頁面，包括「年度目標」，如我想要達到的體脂率、每一年完成的短篇小說數目等等；「年度書單」，將我一年讀過的書按閱讀次序記錄；「習慣追蹤」，我會以「五畫為一個正字」的方式，記錄我完成目標行為的次數，如健身、冥想；「感恩記錄」，寫下我想多謝的人和事。

在創作一本子彈筆記時，人們往往會有一些疑問。第一，怎樣才算一本完美的子彈筆記呢？作者卡羅爾提醒我們：「當你覺得自己過於執著完美，你都要提醒自己，這不過是一個工具而已，重要的是你寫下的內容」；第二，我們是否應該在年初開始寫子彈筆記，還是應該在什麼時候開始呢？答案是「什麼時候都可以」，因為每一天都是餘下生命的第**一天**。

最後一個常見問題是：與其花時間寫筆記，為什麼我不用時間去行動呢？我的個人經驗告訴我：你沒有花在寫筆記的時間，更多是花了在無無聊聊而回想不起來的瑣事之上。

「大覺醒運動」的關鍵人物，也是佈道詞《落在忿怒之神手中的罪人》的作者愛德華茲（Jonathan Edwards）每天都在清晨四、五點起床，開始新**一天**的學習與工作。這位神學家曾經在日記寫道：「我認為基督建議我們早起，因為他也是在一大清早就由墳墓中復活。」

愛德華茲的奇妙早上，帶有基督的祝福，但若然你不是基督徒，或許可以參考演說家哈爾・埃爾羅（Hal Elrod）的提議。埃爾羅在《上班前的關鍵1小時》（*The Miracle Morning*）提倡「早起床的奇妙」，不只在於早起，而是培養起床以後的流程習慣。

埃爾羅的奇妙之旅，從他遇到的一次意外車禍說起。在一次回家的路上，埃爾羅被一架不小心駕駛的卡車迎面撞上，他全身多處骨折，即場瀕死長達六分鐘，卻又奇蹟地被救活。埃爾羅在醫院昏迷了六天，醒來後，他決定要找出善用生命的方法。

一年後，埃爾羅回到職場前線，旋即於六萬名從業員中躋身最高成交額的頭六名，並同時出版書籍、四處演講，教授大家如何善用早上的六十分鐘，以完成六件事來創造奇妙的人生。

我半信半疑以上「六六無窮」的穿插，我相信部份是埃爾羅的真人真事，也懷疑部份是出版市場部的文案技巧，但無論如何，這些都不阻《上班前的關鍵1小時》一書的影響力。此書曾經掀起了社交媒體的「挑戰早起」熱潮，大家挑戰自己晨早起床的時間，並在網上分享，形成了一股「早起文化」。

早起是一回事，早起後如何是好，又是另一回事。

埃爾羅提議大家早起來做六件事，統稱為人生「S.A.V.E.R.S（挽救者）」。首先是「S，靜心（Silence）」。在一場幾乎致命的意外後，埃爾羅學會了感恩，同時習來了冥想。冥想是靜心的方法，但不是唯一的工具，有信仰的人可以祈禱，無神論者可以深呼吸，重點是給自己時間深思，感受「早上醒過來」的美好。埃爾羅特別提到，冥想是起床後第一件事，但切忌在床上進行，否則太容易逃回被窩裡去。

A是「肯定（Affirmations）」。埃爾羅提到，「自我」的建立是潛移默化的過程。為什麼有人會覺得自己懶惰？為什麼有人會堅信自己的判斷？那都是因為「相信」，我們相信自己是什麼，就會成為什麼。因此，我們要習慣每天早上肯定自己要成為理想的自己，提醒自己如何做到，克服那做不到的恐懼。

「觀想（Visualization）」是起床後第三件事，也是承接以上兩件事的行為。埃爾羅提議我們進行內心練習，在腦內創作一塊願景板，在上面想像自己的未來，想像實現理想的經過。名副其實，要「看得見」怎樣達成理想！

餘下來的三件事，相對直接易懂，分別是E，即每天十至二十分鐘的有氧「運動（Exercise）」；R，即每天量力而為的「閱讀（Reading）」；以及另一個S，即持之以恆的「書寫（Scribing）」日記。然而，問題正是：如何持之以恆呢？

相對於起床六件事，埃爾羅提出的一個心法才至關重要，那就是「停止孤立事件」法則，意思是「不要以為每一次**拖延**或錯過都是一次單一性的孤立事件」。

一生是由無數個小時累積而成，而你面對一個「單一小時」的態度，實際上正是你面對整個人生的態度。你輕易地浪費了一小時，也是隨便地毀了人生。反過來說，若我們善用起床後的一小時，就是學會了善用一生之道。

這樣奇妙的一小時，物理時間依然是六十分鐘，卻折射出更多可用、善用的人生時間。

你有沒有試過以下的情況：在越多死線的日子，你越提不起勁工作，在工作量已經到了必須要馬上處理的時候，你反而想**拖延**下去呢？

如果沒有的話，我恭喜你，但若果有的話，也請不要太驚訝，因為絕大部份人都試過這樣的經歷，包括我，以及以下這位作者。

梅爾．羅賓斯（Mel Robbins）曾經是一位律師，也是多年的電視節目主持，她擁有美滿的婚姻，以及自滿的學歷與經驗，卻在四十歲時遇上工作上的瓶頸。她的節目被電視台停了，而丈夫的生意又有現金流問題，導致夫婦倆幾乎破產。

在這個必須要立即找工作求生的關鍵時刻，她反而完全失去了動力。她每天賴床，不願找工作，不願學習新事物，直至一個晚上，她無意間看到一個電視畫面：「美國太空總署火箭準備升空，倒數五、四、三、二、一」。

這個「倒數五秒」的畫面，不但見證了火箭升空，還震撼了羅賓斯的心靈，她靈光一閃，想要改變當時的困境。後來，她將如何受到「倒數五秒」畫面啟發，以至後續的改變寫了下來，成了暢銷書《五秒法則：倒數 54321，衝了！全球百萬人實證的高效行動法，根治惰性，改變人生》（*The 5 Second Rule: Transform your Life, Work, and Confidence with Everyday Courage*）。

羅賓斯寫了一本書的概念，基本上可以用一句話說完：當你沒有動力去做一件事時，跟自己倒數五秒，五、四、三、二、一，然後立即去做！

換言之，當你不願起床時，跟自己倒數五秒，然後立即起床；當你在拖延不去填寫一份表格時，跟自己倒數五秒，然後立即做；當你遲遲沒有致電父母問候時，跟自己倒數五秒，然後立即打電話，等等等等。

羅賓斯反覆引用諸如此類的例子，以及讀者的回應寫成了她的書。不少人不滿此書的內容，認為它過於空洞，且欠缺科學實證，明明一言以蔽之的道理，竟然用上了萬字書寫，而我也是懷疑者之一。

然而，令我真正覺得可以一聽羅賓斯之言的契機，正在於她如何回應以上的批評：她寫了另一本書！一本內容相對扎實，並引用了科學理論的續集，書名為《五秒法則行動筆記的力量：倒數 54321，GO！超效計畫每一天》（*The 5 Second Journal: The Best Daily Journal and Fastest Way to Slow Down, Power Up, and Get Sh*t Done*）。

這一本續作的論點明確，論證清晰，不禁令我想像，在書寫此書時，羅賓斯或許真的用上了「五秒法則」，跟自己打氣：「五、四、三、二、一，我要寫一本堵住批判者嘴巴的書。」

舉例，此書開首引用了賓州大學的一項研究，指出「如果早上有好情緒，就能提升一整天的生產力」，好以支持羅賓斯的觀點：好心情是改善行動力的前提。

羅賓斯提出，我們善用早上時間去控制好自己的能量。她的方法直接易懂，那就是每天早上，問自己三個問題：第一，今早的內在能量值是多少？（答案可能是「滿有力量」、「一般般」、「沒電了」）；第二，為什麼我會有如此的能量值呢？第三，有什麼的人或事，可以提高我的能量值呢？

以上三條問題，一方面確認自己的能量多寡，另一方面告訴自己擁有具體改善與控制能量的方法。後者比前者重要，因為我們不可能每天都有好心情，但當我們確認自己有改善心情的方法，那我們便不怕壞心情，並且可預備去迎接好心情。

完成了以上三條問題後，我們可以寫下每日的「一個目標」。羅賓斯參考了哈佛商學院的一個研究結論，即「你專注的目標越少，完成度就會越高」，並提出要「找出今天對你來說最重要的一件事，不是兩件、三件。一件就好」，而每天只聚焦於一件事，就是執行所謂的「進展原則」。

當你寫下了每日的目標時，同時問自己：為什麼這件事如此重要呢？

原來，當我們知道目標背後的原因，便會更有動力與精神去完成目標。當我們要完成一件任務時，知道完成任務的方法與流程（Know-how）固然重要，但若要維持去完成這任務的行動力，我們便要靠知道完成任務的原因和意義（Know-why）。

工作，可以是為了賺錢，但賺錢為了什麼呢？問一問自己：那是為了家庭、生活、享樂，還是成就感？答案沒有對錯，但我們要心中有數。

另外，每朝早問自己：我今天會在什麼時候下班呢？

羅賓斯引用「帕金森定律」（Parkinson's Law），即「在工作能夠完成的時限內，工作量會一直增加，直到所有可用的時間都被填充為止」，並指出我們必須在上班前設定下班時間。所謂「下班」，不是指離開辦公室的時間，而是你全然放下工作的那一刻，而放下工作的具體實踐，包括不再回覆電郵，以及與工作有關的短訊。

工作是沒完沒了的，唯一會完成的只可能是上班時間。你給工作無限制的時間，工作會「公平地」給你無限制的份量。為免一天所有的時間只被工作填滿，羅賓斯希望我們在每朝早寫下合理設定的下班時間。

記得！「合理設定」是重點，不能太晚，也不能不合乎常識的太早。

最後，以上的一切問題，請以紙筆寫下作答，而不要空想。思考是重要的，但思考是行動的前提，而將思考「寫下來」，便是行動的第一步。在此，羅賓斯引述研究指，單單是將願望「寫下來」的習慣，便可以增加百分之七十六達成願望的機率。

在此，羅賓斯鼓勵我們將願望寫在她推出的精美筆記本，但我嘗試過隨便找一本破舊筆記本來寫，**效果**已經不錯。

關於時間管理的書籍五花八門，哪一本最值得推介，又有哪一個管理系統的**效果**是最好的呢？

我的答案是：時間管理的方法，像武俠小說的門派，門派甚多，各有所長，也各有所短，而共通點只有一個：功夫，是靠練習而來的。

時間管理與體重管理相似，理論、方法很多，但說出了，根本原則都十分簡單。體重管理，講究能量的攝取與消耗，攝取比消耗大，自然會增磅；時間管理亦然，重點在於時間的善用與浪費，浪費的時間越少，可以善用的時間便越多。

原則簡單不過，靠的就是實踐和練習，而大衛・艾倫（David Allen）的《搞定！：工作效率大師教你，事情再多照樣做好的搞定5步驟》（*Getting Things Done: The Art of Stress-Free Productivity*）是一本指導時間管理練習的經典。

艾倫是何等大師呢？他擔任了管理顧問超過三十五年，歷年來為多間跨國企業提供人才訓練，曾獲《福布斯》雜誌列為全美前五大的高階經理人教練。在他的書裡，艾倫提出了「搞定五步驟」。

所謂「搞定五步驟」，就是設定和執行每天「行動清單」的五個步驟，而基本假設是，若然你任由工作隨意地湧現於行程，哪怕你再努力，你浪費的時間往往會比善用的時間多。

浪費時間的情況，包括你將一天最有效率的時間花費在次要的任務上，卻在疲倦時勉強應付重要的工作；將一件應該一口氣完成的工作，切斷到數個時間段裡去執行，浪費了每次重新啟動的時間，等等等等。

所有的時間管理術都強調以「行動清單」去避免出現浪費時間的情況，艾倫亦然。

艾倫的「搞定五步驟」之首，是「收集」，即收集並記下你一天所有要做的事。不論大事或小事都要一一記下，而不要依賴腦袋去記住。艾倫認為，我們常常高估了自己腦袋的能耐，而當事情變多，我們便會忘掉東西，也增加了壓力。

「收集」的重點是不要遺漏任何要做、該做的事情，大大小小，包括午餐！太多人排滿了行動清單，卻忘了安排時間午餐，而這樣一個不健康的日程，絕對不是一個善用時間的好日程。

第二個步驟是「組織」。所謂「組織」，即整理及分類收集了的項目。在這個節骨眼上，不同的時間管理方法有不同的組織原則，例如有說要將項目分類成個人、家庭、工作、興趣、公益等等，好讓自己平均分配一天的時間，一目了然。

此說的實踐者相信「一天一天」的總和就是餘下一輩子的人生。當你可以整理好一天的時間分配，就可以平衡人生的不同取向。我會將此說理解為「人生價值類」的時間管理學說，而艾倫的學說屬於「最大效益類」。

艾倫的項目組織，主要依據一個簡單易明的「兩分鐘原則」。

「兩分鐘原則」的意思是，當你認為一個事情可以在兩分鐘之內解決的話，你便不應該將這件事情放入「行動清單」。這些兩分鐘瑣事包括打一通電話，或發一個短訊等等，而當你見到自己記下了這些瑣事時，你將會有一個選擇——選擇馬上以兩分鐘將之解決。

艾倫認為，我們很多時候會被工作與任務的「數量」干擾自己，這「數量」既真又假，「真」在於數量越多，的的確確會產生越多的壓力，但其「假」則在於「數量」的份量不是均等的，一件「一小時的工作」是一個項目，一件「兩分鐘可以解決的事情」也是一個項目。

因此，艾倫鼓勵我們不要累積不必要的項目到行動清單，而嘗試以極短的時間處理掉兩分鐘內可以完成的瑣事。在此，有說也可以製作一份「瑣事清單」，此清單不干擾日程，而是提醒自己可以在行程中的任何空檔，以兩分鐘時間把瑣事解決掉。

繼「收集」與「組織」之後，第三個步驟是「排程」，即製作工作清單，而艾倫的排程原則根據三個條件：時間、地點、任務。

先談任務。當我們將收集好的任務放入工作清單之前，先要研究每件任務的具體內容、緩急、難度，了解每件任務需要多少時間與什麼方法執行，然後才按照「任務時間」與「任務地點」兩個考量去配合排程。

關於「任務時間」，艾倫認為「一氣呵成」是成就最高效率的關鍵。假設你有一份需要三小時才能完成的工作，而剛好你這三天只能安排每天一小時的工作時間。此時，你可能會以為你可以預期平均每天一小時去完成這份工作。但，艾倫提醒我們，每一次重新啟動一份工作，都需要暖身時間，所以越多次重新啟動，便會浪費越多的時間。

因此，艾倫的時間原則是：審視你工作清單上的各項「任務時間」，並配以時間相若的「空檔時間」。有多少時間就去做多少事情，盡量減少「重新啟動」任務的次數。

關於「任務地點」的考慮，其原則跟任務時間類似，同樣是減少「重新啟動」的次數。

艾倫認為，轉換工作地點是其中一個最浪費時間的事情，一來我們要浪費時間從A點到達B點（然後又回到A點），二來是每次轉換工作地點都要再一次暖身，再一次進入工作狀態。

我們應該盡可能將同一個區域的事情安排在同一時段內執行，以減少重複移動的次數。我其中一位老師深明此道，往往安排在同一地點，集中一段時間「見客」，包括業界朋友、工作夥伴，或後輩如我。他會在同一間咖啡店，同一個下午，約見不同的人，減省了交通時間。

不過，要提一提大家：請記得安排好約會與約會之間的緩衝時間，以免造成輪街症一般的效果。此乃輪候者的忠告。

第四個步驟是「執行」。我們要嚴格按照排程後的日程去工作。否則，我們不單打亂了後續的工作，更是浪費了之前「組織」與「排程」的時間。

另外，我們要為「重要任務」準備意外方案，避免無法如期完成的任務往後積壓。再說一次：請不要在排程中完全填滿空檔時間，預留緩衝時間！

第五個步驟是「檢視」。假設我們養成了排程與執行的習慣，但還要記得定期檢視及更新我們的計劃。哪怕是一週、一個月、或一年的計劃，我們都要定期檢視和調整，好以配合自己不同階段的生產力，以及任務內容本身的變化。

在「檢視」這步驟中，我們更會越來越認識自己的工作慣性，並覺察自己越來越容易安排往後的計劃與工作。

最後，艾倫還有兩個關於時間管理的重點要提醒大家。

首先，我們要拒絕完美主義。完美主義是一種迷思，因為這可以是一個無了期降低效率的迴路。尤其在團隊合作裡，我們更要避免個人的完美主義，而要尊重集體的任務目標，並以清楚的工作分配來拿捏任務的完成度。

第二個重點，是要學會「先做討厭的工作」。時間管理之必要，除了是提升效率，更是要避免自己覺得「生活太苦，工作太累」！

換言之，時間管理也是心理建設的一部份，我們要學會跟自己的心理打交道，而其中一個方法是先將（你主觀覺得）沒有意義與困難的工作率先處理，因為這些工作往往是最大的壓力來源。

壓力越大，工作效率越低；工作效率越低，我們越不會去完成這些討厭的工作，而這些討厭的、煩人的工作一旦積壓，就會產生更大的壓力，形成無間地獄的怪圈。

這讓我想起，當年英國歐普藝術畫家布里奇特・萊利（Bridget Riley）聘請助手幫忙畫畫，她說：「我在乎的並不是將自己擺脫工作，獲得**解放**。正好相反，這是讓自己保持一定的距離，使我投入得更多，而非更少。」

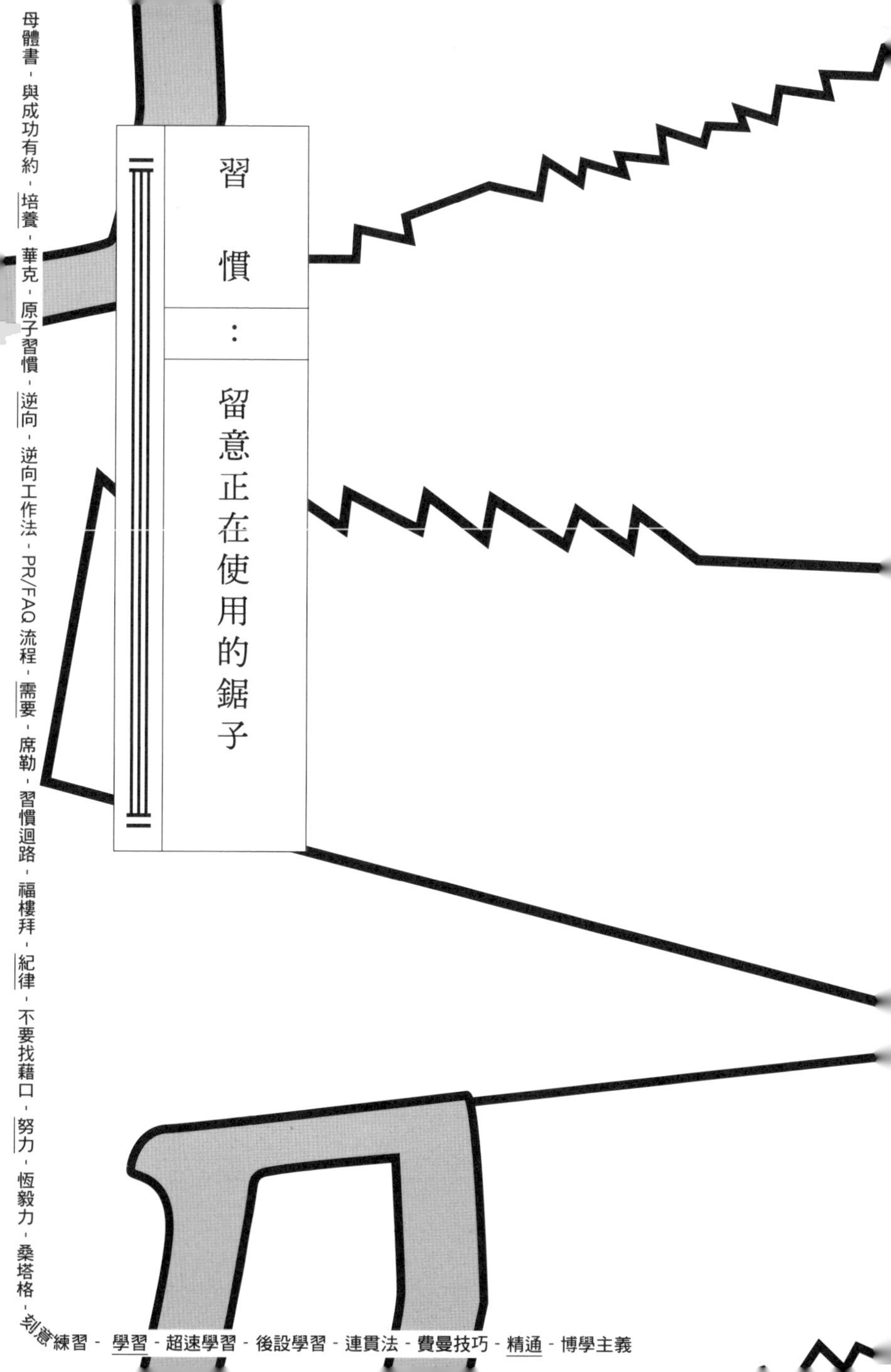

習慣：留意正在使用的鋸子

生活學與自我完善的書籍，乃是出版界的大類，每年出版甚多，也佔了書店不少空間。在這些單看書名都是大同小異的書海裡，我們應該如何選擇呢？

我會建議大家：找「母體書」來看！

所謂「母體書」，就是一些重要概念的創始者，或第一個將概念成功宣傳開來的書。母體書的成功，會生育出好多的子子孫孫，這些子子孫孫可能是母體書的概念延伸，或是個案應用，或是穿鑿附會。

這就像文學世界裡，自從西西寫了一本《像我這樣的一個女子》後，便生出了許許多多的子子孫孫：像我這樣的一個房東、像你這樣的一個馬桶、像他那樣的一個問號，諸如此類。

當然，有個別的子孫，或許可以比母體書寫得更出色，但總的來說，母體書始終是關鍵，找對了母體書，可以省下不少閱讀上的冤枉路。再者，如果那出色的子孫，可以挑戰或修正到母體書的概念，它便會成為另一本母體書。

其中一本不得不提的母體書，是史蒂芬．柯維（Stephen Covey）於一九八九年出版的《與成功有約：高效能人士的七個習慣》（*The 7 Habits of Highly Effective People*）。此書自出版以來，暢銷至今，翻譯成四十種語言發行，累計銷售四千萬冊。作為猶他州州立大學商學院教授，史蒂芬．柯維在書中有系統地指出一個清晰訊息：成功，是習慣促成的。

柯維列出了七個可以令人成功的習慣，分別為主動積極、以終為始、要務第一、追求雙贏、知彼知己、集思廣益，以及精益求精。前三項是為了改善個人的自我掌控力，第四至六項是有關如何達到群體的成功，而第七項則是一種叫人持續檢視自己有否妥善執行第一至六項習慣的習慣。

作為一本母體書，《與成功有約：高效能人士的七個習慣》提到的七個重要習慣，發展出七條小流。不同作者就個別的習慣寫成專書，這裡有一本大談如何做到「要務第一」的書，那裡又會有一本教人如何達至「知彼知己」的書，而在這些回應七大習慣的書籍裡，有一本比較特別，名叫《第8個習慣：從成功到卓越》。

此書特別在哪？特別在作者正是史蒂芬·柯維本人，也可以說是母體書的自我繁殖。

說回那七個成功習慣。首先，成功的人要「主動積極」。

驟耳聽來，這不過是一則便宜道理，誰不知道人要主動積極呢？然而，柯維的洞見在於提醒我們：我們先要明白人類是被動的。我們被動地面對工作、家庭，以至命運的變化，而所謂「主動」是我們如何積極的回應這些變化。

當某些不情願的事情發生，請不要懷疑自己的計劃與行動力。意外和命運是不能避免的，但關鍵是我們的主動反應。有了這樣的覺悟，我們便可以進一步貫徹「以終為始」與「要務第一」的方式實踐人生。前者是以目標為本的原則去規劃「要成為怎樣的人」，後者是以明白「生活是有取捨」的前提下，時時刻刻全力達標。

柯維認為，有了以上這三個習慣，我們已經在盡力掌控自我；而要進一步成功，就必須懂得與群體合作，發揮更大效能。因此，我們要學會第四個習慣「追求雙贏」，我們要習慣去想像有益於所有人的成果，而以哲學的用詞，這是「功利主義」的原則。

有了功利主義的道德觀念，習慣性地連結「個人目標」與「共同利益」，我們自自然然會發展出「知彼知己」與「集思廣益」這兩個習慣。在一個群體裡，當我們各有所長，各司其職，自然能夠一起協作，一起成功。

最後，也是至關緊要的習慣，那就是「精益求精」，即是反覆審視習慣的習慣。柯維認為，好多人忙著鋸樹，卻沒有多少人留意到正在使用的鋸子已經鈍掉了。當我們學會了以上的六個習慣，一一實踐，卻不要低估人類的惰性，要精益求精。

習慣，不是一口特效藥，而是要持之以恆的**培養**出來。當我們從個人到群體，持續地實踐到這七個習慣的時候，柯維說，這七個習慣，就會成為我們與人為善的品德。

愛麗絲．華克（Alice Walker）在書寫第三本小說《紫色姊妹花》（*The Color Purple*）時，正值女兒的童年。當時，華克**培養**了一個把握時間的寫作習慣：她趁著女兒上學時，每天以上午十點半至下午三點的時間寫作。

華克本以為，憑著這樣的習慣，她會以五年時間完成小說，但結果：她一年之後便完成了。

好的習慣，不單止帶來成功，它本身就是一種成功。

為什麼育有女兒的華克也能培養出良好的寫作習慣，而我們的習慣卻都很難養成呢？我們都試過：一開始時要決心做運動，接著瘋狂健身兩天至肌肉酸痛，然後休息三天後無疾而終；又或，節食一星期，接著報復式進食，一切打回原形。

不少人以為這是意志力的問題，事實上，更大的問題在於我們誤解了「習慣、成果、時間」三者的關係。我們太重視戲劇性的成果，而漠視了時間才是養成習慣的關鍵。在此，詹姆斯・克利爾（James Clear）的暢銷書《原子習慣：細微改變帶來巨大成就的實證法則》（*Atomic Habits: An Easy & Proven Way to Build Good Habits & Break Bad Ones*），是一本恰當的參考書。

所謂「原子習慣」，就是「微小的習慣」。透過不同個案，克利爾指出「造就成功的，是日常習慣，而不是千載難逢的轉變」。原子習慣不追求跳躍式的改變，而強調持續的微小進步，並認為持續的微小增長，可以帶來複息效應，「如果每天都能進步百分之一，持續一年，最後你會進步三十七倍；相反地，若是每天退步百分之一，持續一年，到頭來你會弱化到趨近於零」。

因此，我們更要明白「習慣」有好壞之分，而「時間」是公平，「時間會放大成功與失敗之間的差距，會將你餵養給它的東西加乘。好習慣讓時間成為你的盟友，壞習慣讓時間與你為敵」。

克利爾提醒我們耐心比意志力重要，因為人慢慢養成習慣，就好比「竹子在它生命的前五年幾乎不可見，在地底衍生廣大的根系，然後在六週之內暴長到九十尺高」。換言之，期待自己爆炸性的突破，是我們捱過潛伏期的信念。

作者引述聖安東尼奧馬刺隊休息室牆上的一則金句：「當一切努力看似無用，我會去看石匠敲打石頭。可能敲了一百下，石頭上連一條裂縫都沒有，但就在第一百零一下，石頭斷裂為兩半。然後我了解到，把石頭劈成兩半的不是最後那一下，而是先前的每一次敲擊。」

問題是：除了靠意志把握信念，我們何以敲出那一百下看不見成果的敲擊而不放棄呢？克利爾的回答是：我們要明白，驅使我們行動的不是目標，而是我們想成為的「身份」。

克利爾追本溯源，寫道：「英文的『身份』（Identity）一字，源自意指『存在』的拉丁文『Essentitas』，以及意指『重複』的拉丁文『Identidem』。『身份』的字面意義便是『重複的存在』，即習慣。」

他舉例，有兩個拒絕香菸的人（即兩人都有戒菸的目標）。有人遞出香菸時，第一個人說：「不用了，謝謝。我正在戒菸。」第二個人拒絕說：「不用了，謝謝。我不抽菸。」你想，哪個人比較容易拒絕到香菸呢？當然是後者，因為他的自我認同就是一個不抽菸的人。

「決定你成功或失敗的」克利爾解釋道：「不是你的目標，而是你的系統」，「目標優先的心態，其問題在於你會一直把快樂延到下一個里程碑之後」。當然，我們還是要為生命訂下不同的目標，但這些目標必須是一個可以見到過程、可以見到進步的目標，而「進步的必要條件，是對過程的投入」。

「目標不是跑一趟馬拉松，而是成為跑步的人；目標不是學會一種樂器，而是成為演奏音樂的人」，我們不要以單一的事情作為目標，要**逆向**的以一種「身份」作為目標，因為當你要成為某種身份，在這「成為」的過程，便會養成相應的「習慣」，以及目睹相應的「進步」。

因此，想好好訂下目標，最重要的是你要知道：你想成為怎樣的一個人。

話說回來愛麗絲．華克的故事，她深刻知道，「我從不在乎別人的想法，我總覺得自己與眾不同」，她要成為的是一名與眾不同的作家，而並非出色的母親。多年後，她的女兒也成為了作家，並說到當時的母親一心只有小說中的角色，而忽視了現實中的女兒，而母女二人最終斷絕了來往。

再問一次：你想成為怎樣的一個人呢？

「自二○○四年以來，亞馬遜公司絕大多數的重要產品和計劃都有一個非常亞馬遜的共同點——它們都是透過一項名為『**逆向**工作法』的流程創造出來的。」之前提到的布萊爾與貝索斯，在《亞馬遜逆向工作法：揭密全球最大電商的經營思維》一書寫道。

布萊爾與貝索斯說：「逆向工作法是一種系統化的創意審批和新產品創造方法，主要原則是從設定顧客體驗出發，然後一再反覆逆向思考，直到團隊清楚知道要建構什麼東西為止。」那麼，亞馬遜人怎樣具體地以「設定顧客體驗」出發呢？

亞馬遜人的逆向工作法，又稱為「PR/FAQ 流程」。「PR」是新聞稿、「FAQ」是常見問題。「PR/FAQ 流程」逆向工作法，就是以書寫一份「常見問題」作為起點，假設顧客會有什麼需要、興趣、疑問，再一步步逆向推敲什麼樣的產品可以回應這些顧客要求，而一份「新聞稿」則言簡意賅地成為了此新產品的開發準則。

「PR/FAQ 流程」確保新產品不是建基於公司主觀願望，或現有產品的狗尾續貂，而是通過代入公司現有產品的本位來構想。「PR/FAQ 做得出色」布萊爾與貝索斯寫道：「並無法保證其中提出的構想一定能夠繼續發展成為產品。事實上，這是這個流程的一大好處，可以利用這種經過深思熟慮、徹底詳盡、數據導向的方法，決定何時，以及如何投入開發資源。產生和評估卓越構想是逆向工作法真正的效益所在。」

逆向工作法最重要的功能，在於更加深入認識公司的顧客。只要你掌握到顧客的需要，受歡迎的產品點子自然應運而生，而大家有所不知，電子墨水閱讀器「Amazon Kindle」便是第一個以「PR/FAQ流程」開發而來的產品。

當我們正在討論如何養成良好習慣，以至如何定義自我之際，何以談到「逆向工作法」來呢？

我認為，逆向工作法不單可用於產品研發，還可用於種種自我管理。你的生命的最重要「顧客」，可能是你的兒子、伴侶、上司，或生意夥伴，他們給你的「常見問題」是什麼呢？從此逆向思維，你想到了自己**需要**成為怎樣的一個人嗎？

傳說，德國詩人席勒（Friedrich Schiller）有一個寫作習慣：他**需要**在工作室的抽屜裡放一顆爛蘋果，並靠著它的腐朽氣味，增加詩人的寫作慾望。這算是好習慣嗎？說不準，視乎你是席勒的家人，還是他的編輯，但我們可以想一想：為什麼席勒需要一顆爛蘋果？為什麼人類需要習慣呢？

查爾斯・杜希格（Charles Duhigg）在暢銷書《為什麼我們這樣生活，那樣工作？》（*The Power of Habit: Why We Do What We Do in Life and Business*，意譯為「習慣的力量」）解說了我們需要有習慣的生理原因。

原來，「習慣」是為了節省大腦能量。根據《美國心理學期刊》（一九〇三年）的定義，習慣是「某種程度上固定的思考方式、意志或者感覺方式，是由以往重複的心智體驗而獲得的」。習慣是一種經常出現的重複行為，而且常常在無意識下出現。

習慣將日常重複的活動變成反射動作，而一天約有百分之四十的活動是自動運行的反射動作。習慣可以讓人進入「自動導航」模式，大大節省了腦力，而剩下的精力便留給需要思考的事情，或突如其來的意外。

因此，習慣是一種生存機制，讓我們以有限的腦力去應付無限的生活場景。當我們明白了習慣的存在原因，便可以進一步理解養成習慣的方法。

杜希格指出，習慣是以迴路的方式形成。所謂迴路，就是它會像銜尾蛇的圖騰，不斷循環一般的進行。習慣迴路涉及三個重點：提示、行為、獎勵。

提示，即引導自己進行某特定行為的指示，這可以來自外在或內在，例如特定的地點或時間，或某種心理狀態；行為，即我們觸發習慣後所做的事情。舉例，我們習慣「睡前玩手機」，「睡前」是提示，「玩手機」是行為，而「玩手機帶來的喜悅」就是獎勵。獎勵是養成習慣的重要因素，獎勵的強弱多寡決定了大腦會否記下這個特定行為，並在下一次提示出現時自動執行該行為。

換言之，習慣並不只是行為本身，而是「提示、行為、獎勵」三者構成的迴路。爛蘋果提示了席勒去寫作，而寫作的成果成為了他的獎勵。所有習慣都以如此的迴路形成，而我們的大腦沒有對此作出價值判斷，無法區分好習慣和壞習慣。這樣操作的習慣迴路，如何幫助我們創造新習慣呢？

首先，我們要「找出一種簡單有明顯的暗示」。舉例，我們想養成做運動的習慣。那麼，我們便要為自己創造「簡單有明顯的暗示」，例如把運動衣放在床頭、準備一個為運動專用的背囊、將電視預設在體育頻道等等。這些暗示將會整體地提示你去執行你想做的行為，從而踏出養成習慣的第一步。

再者，我們要給想養成的習慣「清楚地說明有哪些獎勵」。以運動為例，它的獎勵幾乎是自自然然的。作者引用二〇〇二年美國新墨西哥州州立大學的一項研究指出，絕大部份習慣每星期運動三次或以上的人，均同意運動可以釋放壓力，並令自己感到能夠自主時間。

換言之，運動本身就能夠帶來正面情緒，並自足成為獎勵。這樣的獎勵是從內在出發的。然而，我們也可以將內在的獎勵，向外構成具體的指示，例如我們可以通過網絡平台記錄自己的跑步距離及時間，從而量化與顯示自我的成果。如此一來，我們不單能夠「清楚地說明」運動的滿足感，更能與人分享成果而獲得成就感。

此外，我們也可以加添外在的獎勵來強化行為與獎勵之連結，例如我們可以獎勵自己在每一次運動後喝一杯冰水或啤酒，甚至是一粒朱古力。當然，外在的獎勵要適可而止，否則得不償失。

我們需要把暗示、行為和獎賞拼在一起，培養一種渴求，以渴求來推動這一迴路。只要我們把注意力放在習慣迴路，而非單一的行為之上，養成新習慣便不是難事。習慣，會成為生活的**紀律**，並體現福樓拜（Gustave Flaubert）的一句話：「你的生活得像布爾喬亞般規律秩序，才能讓自己在作品中激烈原創。」

在書寫《包法利夫人》時，福樓拜已經有了自我**紀律**的生活習慣。他知道自己在白天容易分心，於是都在晚上與母親聊天到九或十點，直至她就寢之後，才動筆寫作，連續寫上數個小時。福樓拜說：「有時候我不明白為什麼我的手臂不會因為疲憊而由身體掉落，為什麼我的腦袋不會溶化。我過的是苦行的生活，除了所有外在的娛樂，只靠一種永恆的狂熱支撐，而且有時也讓我流出無能的眼淚，但這種狂熱卻從不消退。」

在生活學的書單上，教導我們自我紀律地生活的書不少，有一類書是「勸勉式」，作者循循善誘帶領讀者找到行為的誘因，像福樓拜所言的「狂熱」，並以此培養好習慣；另一類是「軍訓式」，作者要求讀者以目標和意志去規範自己進行苦行，而布萊恩．崔西的《不要找籍口：自我紀律的力量》（筆者譯，英文原名 *No Excuses!: The Power of Self-Discipline*）屬於後者。

崔西高中輟學，後來找到了一份中規中矩卻又沒有前途的工作。在人生迷惘之際，他喜歡上閱讀，閱讀大量關於自我發展、尋找動力、建立信心的書籍。他認為，他的書架就是他的學校，並以每月收入的百分之三來買書、買課程來增值自己，以這些知識塑造「最好版本的自己」。

崔西發現，最好版本的自己，就是「不要找藉口」的自己。藉口人人有，但這正是成功者與失敗者的分別。失敗者以藉口來拖延行動，怪罪於出身、現狀、體力而不去進步，並以「總有一天，我會……」為口頭禪。

相反，成功者會明白「藉口」正是自己的弱點，並將之糾正，例如與其以學歷不夠高為藉口而不找高薪工作，成功者會去讀一個學位，同時不斷嘗試應徵工作。成功者不會坐以待斃，而是在自我進步的同時，繼續尋找機會。

當我們想找藉口延遲自己的行為時，崔西提醒我們：世界上是否有一位成功者，他的背景有著跟你類似的「藉口」卻又成功了呢？他是如何做到的？你又可以從他的經驗學到什麼嗎？

在此，你可能會找到成功者的共通點是「**努力**」。但試問，又有多少失敗人是努力非常的呢？努力，便足夠了嗎？

崔西相信自我紀律的力量，認為紀律比誘因重要，因為紀律教我們做應該要做的事，而誘因只會讓我們做想做的事。失敗者會縱容自己做想做的事、減壓的事，但成功者卻靠著做應該要做的事，而達成目標。

正如文初所說，崔西的方法是軍訓式的，靠的是意志與紀律，此方法是否有效，大概因人而異，反正遇到我這一類天生懶惰又意志薄弱的人，崔西的方法便很難執行。當然，作者一定會跟我說：你不要以天生懶惰又意志薄弱作為藉口！

人人都說，**努力**是成功的關鍵，但相比於天賦、家庭背景、創意、健康等等因素，努力佔一個人的成功之比重是多少呢？美國賓州大學心理學教授安琪拉・達克沃斯（Angela Duckworth）的著作《恆毅力：人生成功的究極能力》（*Grit: The Power of Passion and Perseverance*）給予我們一些啟示。

達克沃斯的恆毅力理論，可以從她於二〇〇四年在美國西點軍校的一次研究說起。話說，每年西點軍校的入學申請者高達一萬四千多人，當中有約二千五百人可以達到基本標準，而入學後的輟學率為百分之二十。那麼，我們可以如何預計到哪一位新生會輟學，又有哪一位會堅持到畢業呢？

達克沃斯發現，西點軍校的絕大部份輟學申請都在舉行所謂「野獸營」之後呈交的。於是，她便在野獸營跟一千二百多名學員進行了「恆毅力量表」測試，並以此與之後的畢業率作比較。

所謂「恆毅力」，英文是「grit」，即一個人咬緊牙關的狀態。恆毅力「是面對長遠目標時的熱情和毅力」，也就是「日復一日、年復一年依然對未來堅信不已，並用心、努力去達成目標」之能力。你的恆毅力越高，代表你遇到困難與挫折時，越能夠咬緊牙關撐過去。

在西點軍校的比較研究，達克沃斯發現，恆毅力是預測學員能否通過嚴格訓練的可靠指標。在野獸營結束後，共有七十一個新生輟學，而他們的恆毅力指數都是偏低的。在比較其他個人質素後，達克沃斯有了結論：恆毅力比體能、情商、智商更為重要，更是一個人能夠達成目標的關鍵。

既然恆毅力這麼重要，為什麼人們常常低估了針對恆毅力的教育呢？達克沃斯認為，這是因為我們過於迷信天賦，我們以為天賦比努力重要，並在失敗時，將責任歸咎於天份不足。在此，達克沃斯提出了一道公式：

1. 天賦 × 努力 = 技能
2. 技能 × 努力 = 成就
3. 成就 = 天賦 × 努力 × 努力

天賦需要努力，才能成為技能，而有了技能後，我們需要持續的努力，才可以將之轉化為成就。換言之，我們需要雙份的努力來得到成就，但怎樣培養「努力」本身呢？

首先，我們要找到興趣。興趣，就是能夠令你產生熱情的事。興趣可以令你廢寢忘餐，可以令你一天十多個小時以來沉醉其中而自得其樂。這讓我想起評論家蘇珊・桑塔格（Susan Sontag）的兒子，憶起母親的往事時，寫道：「如果要用一個詞來描述桑塔格的生活方式，那就是『飢渴』。沒有她不想看，不想做，或不想了解的事物。」

桑塔格對學問的飢渴，似乎是永不止息，但一般人的熱情，卻是容易退卻。當我們沒有規劃的投入興趣，其新鮮與挑戰便容易慢慢消失，而興趣，亦隨之消失。於是，恆毅力的訓練，在於第二步的「刻意練習」。

練習必須刻意。假設我的成就目標是成為一名職業籃球員。那麼，我的興趣固然是打籃球，但每天在籃球場上打球八小時算不上刻意練習。合格的刻意練習，必須要有明確定義的目標與挑戰。舉例，我這個月的練習目標是投籃，我便要定下月底能達成的投籃率目標，並將練習時間花在投籃訓練（而非三人鬥球）之上。

第三，我們要明白想達成的成就之目的。有一種人不是不努力，而是傾向不斷改跑道、轉換範疇。他們會在一個範疇努力了一陣子，忽然又跳到了另一個範疇努力一陣子，最終不至於一事無成，卻難以有獨當一面的成就。

恆毅力是一種專注。若然你不斷轉換範疇，哪怕在每一個範疇都非常努力，這也不是恆毅力。人會不斷轉換範疇的原因，在於未有弄清楚成就背後的目的。當你深深相信你做的事，知道它會給自己、群體，以至世界帶來什麼有益的影響，這目的便會幫助你規範恆毅力的聚焦。

最後，擁有恆毅力的人都是充滿希望的。他們不受困於過去或失敗的回憶，而總是期待未來，期待各式各樣的際遇。

興趣、刻意練習、目的、希望，就是培養恆毅力的方法。滿有希望的恆毅力者全心投入於當下的任務與練習，其間不斷**學習**、檢討、改進自己，直至遇上令你成功的第一個機會。

我是一個傾向相信持續力，而漠視捷徑的人，所以凡提到「快捷」、「速成」的書名或**學習**法，都會引起我的戒心和遲疑，也令我遲遲未去打開這一本《超速學習：我這樣做，一個月學會素描，一年學會四種語言，完成MIT四年課程》（*Ultralearning: Master Hard Skills, Outsmart the Competition, and Accelerate Your Career*）。

書名的「超速」一詞令我卻步，而作者史考特．楊（Scott H. Young）的經歷也令我進一步懷疑是否要花時間細讀此書。作者聲稱，他用上自我研發的學習法，以一年時間初步學會了西、葡、中、韓四種語言，亦以一年時間完成了MIT的一個四年課程。

我懷疑，學習是要求快的嗎？

然而，當我讀到不少生活學作者都提到史考特．楊的這本書，我終於還是給了這本書（以及我自己）一個閱讀機會，才發覺「超速學習」的書名是捉錯用神，改壞了名，其真正意思是：「一種獲取技能與知識的策略，兼具自主性與高強度」的學習方法。

以這本書中的方法，人們或許真的可以一年內完成一個四年大學課程，但同時，你也可以保持原有的四年時間，去經歷一個更深刻、更圓滿的研習旅程。換言之，我們不一定要以「超速學習法」去縮短學習時數，而可以此來提高學習的質素。那麼，作者提出了什麼方法呢？

我們要學習「後設學習」。後設學習的意思，是我們要「學習如何學習」。我們要明白學習所必要的資源、處境、動機與目標。其中，設定學習目標，尤其重要。作者提到，人們往往誤以為自己設定了目標，但模糊的目標不會幫助到學習的進程。舉例，有人以「學會西班牙語」為目標，於是按照課程與教科書的結構去學習。學習，總是好事，但這樣的學習便失去了焦點。若然這人的學習目標是「以西班牙文寫作」、「以西班牙語生活」或「到西班牙餐廳懂得點菜」的話，其設計的學習計劃，便可以更有效對症下藥。

作者建議，我們應該以「最終使用新知識的場景來思考」學習的目標。當我們想像到這次學習的終點，順藤摸瓜，逆向推論便可以確定自己的學習藍圖，並會知道該擁有什麼樣的技能去應付單一場景，以至更有意識的在學習期間找到這些技能的知識。

在確定了學習藍圖之後，我們應該如何學習呢？直接學習！

所謂「直接學習」，就是直接從實踐中學習。史考特．楊認為，這是最有效的學習方法。他解釋說：當我們應用新知識或新技能時，必然會遭到困難與挫折，只要我們在這時候懷著「勇於實驗」的心態，明白學習本身就是某種形式的嘗試與犯錯，便可以藉此找出「什麼是必要學會的知識」。

在實踐新知識時，我們需要分析自己的錯誤和不足，從而修改學習計劃，並持續以一種做實驗的心態，親身體驗「哪些知識有用？哪些方法無效？」我們一邊學，一邊做，找出林林總總的問題，並針對問題，不斷學習、練習。

再一次以學習新語言為例，當我們以「超速學習法」切入，便可以先訂好「以新語言到餐廳點餐」為目的；接著，我們便會想到要先學會菜單上的生字；其後，我們又會想到如何以句子或問題去點餐；我們會遇到發音、語法或句子結構的疑問，這些疑問會帶領我們去探問究竟。

史考特．楊稱以上的流程為「連貫法」，即「發現第一個問題點；去解決這個問題時，又會發現更基本的問題；然後解決之，再發現下一個問題」。這些「發現」就是我們要去重心練習的要點。以「連貫法」指導我們學習，可以讓我們免於沉醉於已掌握的知識領域，有效解決學習過程的瓶頸問題。

這也引出了作者有關「練習」的提醒：人們常常自以為努力的反覆操練，好可能真的只是反覆地操練已經擅長的技能，而真正的反覆操練，應該是積極地「聚焦在困難與弱點」上。當若干困難被解決，我們便去尋找下一個弱點，繼續學習，繼續操練。

在「超速學習法」之中，作者還提到一種相當新穎的筆記法。我們可以稱之為「費曼技巧筆記法」。

或許，大家都試過以下的情況：在上課或溫習時，你認真寫下了巨細無遺的筆記，一邊用手寫，一邊用心記；筆記一大本，但到考試時，卻沒有記得起多少筆記的內容。這代表了什麼？代表你還不夠認真？代表你的記憶力太差？以上皆非，這只代表了你用錯了寫筆記的方法。

史考特．楊認為，我們應該參考「費曼技巧」來寫筆記。誰是費曼？費曼（Richard Feynman）是一九六五年諾貝爾物理學獎得主，亦是量子電動力學的始創人之一。這位知識淵博的科學家，提出了一個學習技巧，那就是「費曼技巧」。

費曼技巧是一個溫習的方法，有四個步驟：一，選擇一個你要學習的內容；二，也是至關重要的一步，即想像自己在向一名新生教授這個內容；三，以簡單的語言，而不是專有名詞，向這位想像的新生教學；四，重學，即當你在想像的教導中，發現自己有不懂得怎樣教的內容時，便去重學那一個部份。

透過費曼技巧的四個步驟，我們會肯定自己已經掌握了的知識，又會發現必須去重學的內容。這又令我終於明白，為什麼從前班上最出色的同學，都是那些樂於跟其他同學解說課本的人。他們樂於助人，也在助人之中，鞏固了自己的學問。

引用費曼技巧，史考特．楊指出，我們不應該搬字過紙的寫筆記，而是以問題方式寫下筆記，並在「問題」旁邊寫上頁數或參考點，好以強迫自己記得重點。

換言之，我們不應該在筆記上寫「費曼技巧有四：選擇內容；想像教導新生；用簡單語言教學；重學」，而是應該寫上「費曼技巧有哪四個步驟呢？」透過自問自答，答不到便重溫的方法，我們可以更高效、更完整的**精通**一門新知識。

學習一項新技能，需要多少時間呢？

我們都聽過「一萬小時學會一項技能」的說法，但根據美國作家考夫曼（Josh Kaufman）所言，這是一場誤會，因為「一萬小時學習」是將一個有天份的人訓練成世界級高手的時間，而一般人只需二十小時就能夠基本學會一項新技能。

在此，我想探討另一本關於學習新技能的書，書名是《微精通：從小東西學起，快快學，開啟人生樂趣的祕密通道》（*Micromastery: Learn Small, Learn Fast, and Find the Hidden Path to Happiness*），作者是羅伯特．特維格（Robert Twigger）。

特維格是一位博學主義者，既是作家，又是旅遊家。他的第一本著作《憤怒白道服》講述他在日本武術道場生活一年的故事，曾獲「毛姆文學獎」；而《微精通：從小東西學起，快快學，開啟人生樂趣的祕密通道》一書，則以輕鬆的文字，指導我們如何成為一個博學的人。

為什麼一個人會故步自封，不願意學習新技能呢？其中一個重要原因是「害怕」，人們害怕跳出自己的舒適圈，害怕要再一次經歷「學習的初階段」。

的確，幾乎每一次學習的初階段，都是困難而沉悶的。學習外語時，我們天天背生字、學文法；學習羽毛球時，我們不斷重複步法與揮拍的動作；學習繪畫時，我們重複素描大同小異的東西。

練拳不練功到老一場空的道理，中外皆有。特維格也認同基本功的必要，但他想問的是：學習的先後次序，可否變一變呢？

以學結他為例，基本的學習方法是從樂理與和弦結構學起。這些都是基本功，但這樣的學習也是沉悶的，加上學習初期造成手指頭的痛楚，便令不少人半途而廢。特維格的提議是，學習先從樂趣開始，目的是上手。

初學結他的你，可以找一首自己喜歡的流行歌來學習。一些簡單的流行歌可以只有三、四個和弦，當你掌握了這些和弦，可以自彈自唱時，你便會感到自己上手了。當你感到技能上手了，自然有學習下去的動力，之後一步一步下去，你便會主動想去弄清楚樂理與和弦結構的基本功。

特維格的博學主義強調學習本身的好處，認為博學是一種喜歡學習新事物的心態。我們不單是為了成果而學習，也是為了學習而學習，因為學習可以教人更快樂、更健康。此學習法的第一步，是教我們從自己喜歡的元素開始，簡單上手，然後才慢慢發掘新技能的基本知識。

第二步則是移除令人手忙腳亂的障礙。特維格發現，人們不能持續學習的原因，除了因為失去興趣，更多是失去耐性。當我們剛上手新技能時，難免不善於協調，而造成手忙腳亂。一旦手忙腳亂，人便容易放棄。

我們再以彈結他為例。當我們初學結他時，最難的掌握就是一方面叫左手按準弦線，另一方面同時要右手依照節奏撥動弦線。兩者結合才能彈出一段和弦準確的音樂。但，這也是叫人容易放棄的關頭，因為初學者的按弦速度，往往追不上撥弦的節奏。那怎麼辦呢？

我們應該先專注於單一環節。我們可以先忘記左手要處理的和弦，而集中訓練好右手彈出最簡單的節奏。當右手可以自然地彈出節奏後，我們再回到專注左手的學習。

學習結他是一個例子，箇中道理可以放於各種學習。我們應該專注於單一環節，然後才找出哪些環節互相排斥、矛盾，並尋找協調的方法。一小步接一小步，我們就不會因手忙腳亂而半途而廢。

此外，特維格特別提醒我們，學習依賴環境因素，而環境因素有兩項特別重要：第一是老師，好的老師因材施教，不會以朗誦教科書般的鐵板式教育；第二是設備，即不要因為相關設備與工具的品質不好，而阻礙了學習的進度。

不過，我又要提醒大家：切勿將購買當成微精通，弄得家中一堆昂貴而優質的設備，卻沒有學會半點新東西。

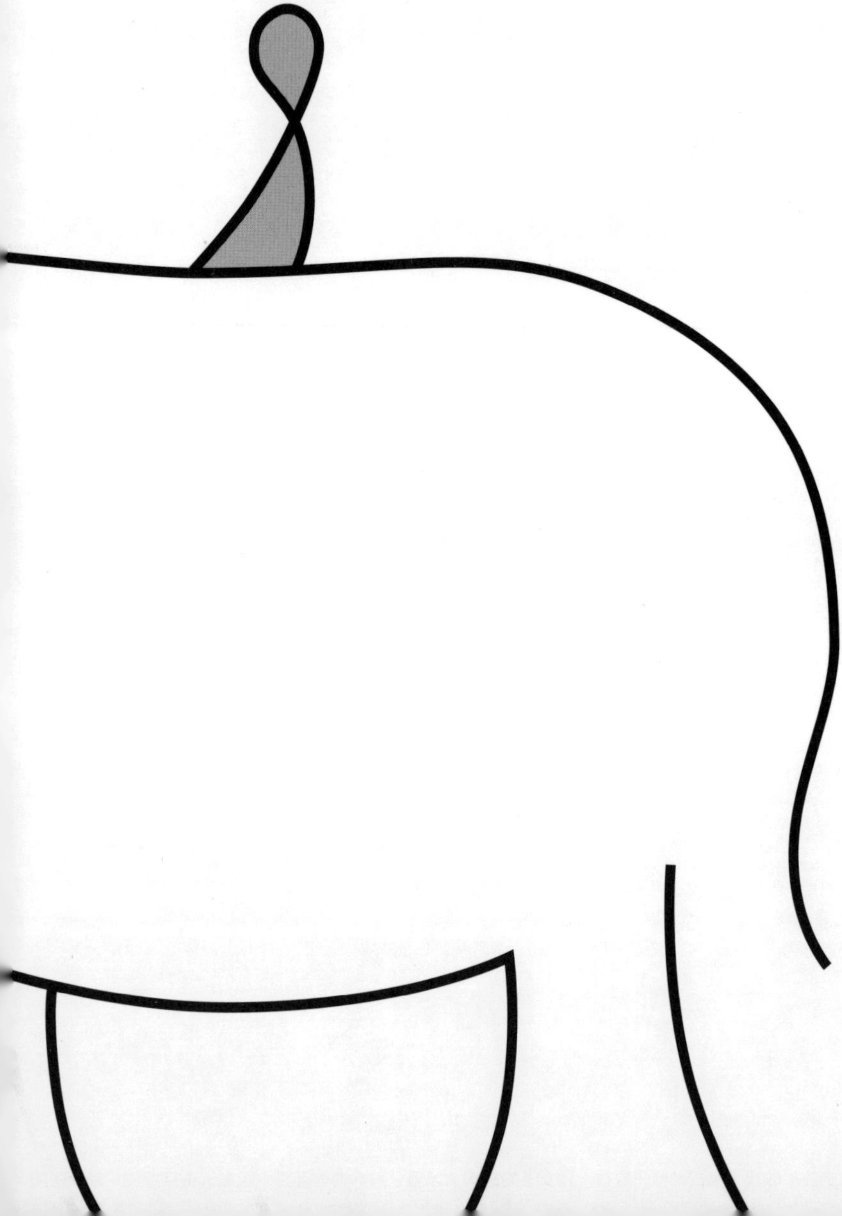

健康：學做龍蝦，或騎象人，又或一隻龜

姿態 - 普魯斯特 - 為什麼要睡覺 - 喝水 - 人體 - 村上春樹 - 運動 - 皮質醇 - 大腦 - 腦裡小劇場 - 放過自己 - 快樂 - 鄧肯 - 象與騎象人 - 愛默生 - 當下 - 冥想 - 無念

空隙 - 敏感 - 七日練習 - 自重 - 矮女子的故事 - 矛盾 - 聖典博伽瓦譚 - 脫離 - 書目療法 - 幸福閱讀

如果要找一個人作你人生的仿效對象？他會是誰呢？一位偉人？還是你的前輩呢？美國著名心理學家喬登・彼得森（Jordan Peterson）卻提議說：人們應該跟龍蝦學做人。

在《生存的12條法則：當代最具影響力的公共知識分子，對混亂生活開出的解方》（*12 Rules for Life: An Antidote to Chaos*）一書，彼得森從龍蝦「爭地盤」的情景說起，娓娓道來人們在當下世界的生存之道，他寫道：「根據統計，當戰敗的龍蝦重新鼓起勇氣再次出戰，再到敗北的可能性高於你根據牠先前的戰績所做的預估。相對的，勝方則更可能再度獲勝。」為什麼呢？

因為當兩隻龍蝦在爭地盤時，除了體形決定優勢外，另一個關鍵是他們體內血清素的濃度。血清素越高的龍蝦越有自信，戰鬥時身體也會張開得越大，獲勝的機率就越高。相反，輸的龍蝦會將身體蜷起來，血清素也會跟著下降。

更重要的是，「龍蝦的世界是贏家通吃的世界，和人類社會一樣，金字塔頂端百分之一的人口拿到的戰利品與底層百分之五十拿到的一樣多，而且最富有的八十五個人擁有的財富，相當於三百五十個低端人口的資產」。在龍蝦的世界，這是如何達到的呢？

彼得森解釋說，經過數百萬年演化的龍蝦發展出優勝劣敗的生長模式，一方面戰勝的龍蝦會分泌更多的血清素；另一方面，戰敗的龍蝦會長出「劣勢者的腦」，並分泌較低的血清素和較高的章魚胺，以「適應劣勢者地位」，即變得膽怯、垂頭喪氣、躲躲藏藏，並會受到少量刺激就觸發逃跑反應，就像人類的創傷後壓力症候群。

龍蝦的演化，跟我們有什麼關係呢？原來，人的身體也有血清素，它會影響人是否感受到安全、幸福，以及信心。彼得森以龍蝦為喻，認為成功是有生物性條件的，我們要習慣向大腦傳達正向情緒的提示，而此提示包括正向的**姿態**。因此，彼得森提出十二條生存法則之首：「站直，抬頭挺胸。」

當我們「站直、肩膀往下壓、抬頭挺胸」，是教周圍的人看見我們的自信，也是叫自己迎接勝利的第一個動作。

日間，我們以迎接勝利的**姿態**生活；夜裡，我們也應該以迎接新一天的狀態入眠。可惜，失眠又是不少人的煩惱。

在文學世界，普魯斯特（Marcel Proust）與失眠的關係，可說是無人不曉。因為睡眠不足，普魯斯特總是太累，有時累得寫不了幾頁紙，就要服用一粒咖啡因錠，等到他終於想睡覺時，他就會服用鎮靜劑來抵消咖啡因的效力。普魯斯特的生活方式，實在不宜參考。人，還是應該好好睡覺的！

「為什麼人要睡覺？」英國神經生理學家沃克（Matthew Walker）在他的著作《為什麼

要睡覺？：睡出健康與學習力、夢出創意的新科學》（*Why We Sleep: The New Science of Sleep and Dreams*）提出了這個問題，並給了我們一連串的答案：若一晚睡眠不足四小時，對付癌症的細胞數量剩下不到一半；睡眠不足會累積導致阿茲海默症的毒性蛋白；美國職業籃球員一晚睡超過八小時，每分鐘得分率提升近三成……

簡而言之，睡眠很重要（這是常識吧！）。我們都知道睡眠很重要，但更重要的是我們想知道怎樣可以睡得好、睡得夠。

沃克強調，若然你是失眠者，最好的方法始終是找醫生。然而，若你屬於睡眠不足者，即是難以入睡、非自願的晚睡早起等，以下一些秘訣或許可以幫到你。

首先，問自己：你有固定的作息時間嗎？晚睡，固然是問題，但不固定的入睡與起床也是大問題。大腦不像開關掣一般運作，它不能隨時開關、隨時入眠。相反，大腦高度依賴規律與習慣，若我們每天更改入睡與起床時間，大腦便會無所適從。沃克指出，人們都只說要一個起床鬧鐘，但事實上，我們更需要一個入睡鬧鐘。鬧鐘響了，我們便乖乖上床進睡，養成慣性。

其次，光暗。大家可能都知道無論陽光，還是手機的藍光都會影響生理時鐘，所以睡前一小時不應該接觸手機，而睡醒後則盡快接觸陽光，喚醒身體，從而建立固定的起床步伐。光暗之管理，知易行難，我也只能夠勸大家盡力而為，但若叫大家管理溫度，這應該容易得多。

沃克說，**人體**喜歡以相對涼快的狀態入睡，而研究顯示，最理想的入睡溫度是攝氏十八、十九度左右（對我來說，這溫度有點太低，請讀者悉隨尊便）。

最後，也是最令我有反省的是沃克教導我們：起床後，不要賴床超過二十五分鐘。原因是大腦作為一個有高度聯想力的裝置，它習慣將指定處境連結指定動作。若「床」這處境連結了太多「睡覺以外」的動作，如玩手機、發白日夢、吃早餐等等，床與睡眠的聯想便很難成立。

因此，要睡好，請勿賴床。

健康，講究站姿、睡眠，也講究飲食，而飲水又是重中之重。

從小到大，我們都聽說要每天喝八杯水，同時，我們鮮有人做到每天喝八杯水。老實說，八杯水的份量真的不少，而我們也沒有從心底裡真的明白喝水的重要。

我們常識上知道喝水重要，但是實際上有多重要呢？在人類的嬰兒期，**人體**的水份佔了全身的百分之七十五，這比率跟魚類的水含量相若。長大後，一般人體內應有的含水量是百分之五十五至六十。

為什麼人體需要這麼多水呢？我們都以為人體內的水份就是血液，但事實上，人體器官的構成都需要大量水份，例如成人的腦與心臟，其四分之三都是水；肺部有百分之八十三是水份；就連感覺上是乾燥的骨頭，其實也有百分之三十一是水。

此外，我們需要水份來緩衝及潤滑關節、調整體溫、滋潤大腦及脊髓。因此，當體內水份不足，我們會在精神上感到心情低落、注意力減退，並在生理上出現皮膚變乾、低血壓，甚至認知障礙等症狀。

脫水的腦袋比正常的腦袋更難完成同等份量的工作，甚至會因為缺水而暫時萎縮。簡言之，缺水不單影響身體的機動力，更會直接影響我們的腦力。

每天，藉由流汗、排泄，以至呼吸，我們平均流失二至三公升的水。為免脫水，我們究竟該喝多少水？

研究建議，男性每日水份攝取量在二點五至三點七公升之間，而水份也可以從水之外的飲品或食物中攝取。一日喝多少水，主要取決於我們的體重、環境，以及運動量。而另一個重點是，喝太多也是問題！

當一個人（通常是**運動**時）短期內攝取過多水份，有機會促發低鈉血症，體內水份過多，腎臟無法處理大量尿液，從而造成水中毒。輕度水中毒者會頭痛、嘔吐，嚴重者會痙攣，甚至死亡。

中庸之道，體內水平衡才是關鍵。飲水，不要少，也不要太多。

不少作家都有**運動**的習慣，其中一個著名例子是村上春樹，他每天跑步的習慣甚至讓他寫成了《關於跑步，我說的其實是……》。他寫道：「在這裡就算還不到『哲學』

的地步，我想多少含有某種類似的經驗法則。可能沒什麼了不起，但至少是我靠著實際運動自己的身體，透過自己的選擇甘願承受痛苦，極其個人性地學到的東西。」一如此，村上春樹說到「跑步是一種修行」，強壯了他的身體，訓練了他的紀律，也教導了他寫小說的方法。

當我們以為這都是作家憑經驗而來的說辭，作者安德斯・韓森（Anders Hansen）告訴我們，科學研究證實：大腦的確是運動後受益的主要器官。

韓森有「瑞典國民醫生」之稱，主持的節目有五分之一瑞典國民固定收聽，在他的著作《真正的快樂處方：瑞典國民書！腦科學實證的健康生活提案》談及了運動如何有效改善大腦的專注力、記憶力，以至處理壓力和焦慮。

舉例，壓力和焦慮。為什麼人類會有壓力和焦慮呢？韓森解釋說，自從人類祖先以來，壓力和焦慮是幫助人類存活的重要機制。人類的左右腦各有一個杏仁核，提醒我們在危機時要逃跑或戰鬥，並發出警告使我們感到焦慮。

換言之，當我們感到壓力與焦慮，那就是杏仁核正在發出警告。然而，在杏仁核運作的同時，大腦會令額葉更活躍，並提高皮質醇濃度，好以拉長警告的時間，讓我們有一個緩衝期，停一停，想一想：「真的要逃跑嗎？」或「真的要攻擊嗎？」

這看似完美的平衡機制，本身是令人類不至於對危機過於敏感，而作出太多不必要的生理與心理反應。可惜，隨著現代社會所造成的壓力因素越來越多，頻繁的焦慮和緊張的情緒會耗損了額葉與皮質醇機制，令人容易陷入持續焦慮的惡循環之中。那怎麼辦呢？答案就是運動。

韓森指出，腦科學研究發現散步或跑步二十分鐘，可以提高額葉活躍度，以及提高皮質醇濃度，而效果可以持續二十四小時。同時，運動時的心跳加速，跟緊張時的生理狀況類似，運動可以訓練大腦不要以為心跳加速就是緊張，並透過反向機制，令

大腦在緊張時不必做出太大幅度的生理反應。

從今日起，你也試一試每天散步二十分鐘？

如果「腦裡小劇場」都有諾貝爾文學獎的話，我好可能早已得獎了。我是一個自尋煩惱的人，總是在**大腦**中將事情想到最壞的情況，而且事無大小，例如在與新朋友認識的飯聚之後，我會想剛才有否說錯了什麼？在與前輩聊天之後，我會想自己的應對是否合適呢？

你也會這樣嗎？你也會因想太多，或經常事後懊悔，而感到不愉快嗎？如果是的話，請讓我跟你分享一本書——水島廣子《給不小心就會太在意的你：停止腦中小劇場，輕鬆卸下內心的重擔！》。

水島廣子現職為「人際心理治療」專業診所院長，而這本書就是寫給像我這樣不斷創作腦裡小劇場的人，而作者要我們第一步做的是：不要叫自己停止腦裡小劇場。

水島廣子寫道，「人類本來就是強大又柔軟的存在」，但是我們還是可以得到「更有餘裕的心」。因此，我們要接受自己會有腦裡小劇場，而透過「思考管理」來為這些小劇場寫下美好結局。

腦裡小劇場的情況有很多，而作者劃分了不同章節對症下藥，例如「覺得自己被全世界拋下時」、「在意別人對自己的看法時」、「覺得自己是被害者時」等等。然而，正如作者寫道：「若是心靈生病了，自然會需要個別的應對措施，但是『原則』本身幾乎不曾改變過。」

水島廣子的人際心理治療原則，在於三種思考模式。第一，「放過自己」，接受自己的負面情緒，告訴自己哪怕腦裡小劇場的情節真的發生，也只會是一時「受到了衝擊」而已。

第二，經常提問自己「我有沒有活在當下呢？」不要在未分手時想到分手後的慘況，不要在未失業時想到丟了工作怎麼辦，因為這樣的思維只會令我們的眼光放在未來，而不是現在。換言之，犧牲眼前實在的幸福，而追求不可知的未來。

第三，告訴自己「我完全可以做自己的」。或許你會問：叫自己完全做自己不怕成為自大的人嗎？我（代水島廣子）答道：會這樣問的人，不會自大到哪裡去。

然而，無論是自己或別人的擔憂，擔憂的共通點是：事情很小，結果未必這麼壞，但憂心是真的。

「憂心是真的」，所以我們不應該忽視憂心者的擔憂，但同時，我們又知道這些「事情很小，結果未必這麼壞」，根本不太值得擔憂。如果這位經常擔憂的人正是我們自己，我們應該怎麼幫助自己解憂呢？

日本精神科醫師和田秀樹在《擺脫不安的50個情緒修補練習》一書，便提出了不少具體可行的解憂方法，但在談及方法前，我們首先要明白：人們為什麼會擔憂。和田秀樹寫道，因為「人喜歡把事情想到最壞」。

人們總是把事情想到最壞，其實是一種本能，也是「很有建設性的行為」。因為這樣的危機感，人類才不致於在遠古的草原上被滅種，而當代的社會與父長也長期教導我們要事事小心。因此，我們不應該苛刻地斥責擔憂的人都是杞人憂天。

我們應該正視擔憂，明白擔憂來自於預測，即「預測最壞的事會發生」。既然是預測帶來情緒問題，我們便去處理一下「預測」本身。和田秀樹認為，我們可以習慣去「預測事情可能會發生的三個可能」，即「最好、最壞、機率最高」。

舉例，我們在工作上犯了小錯誤，最好的結果是得到上司提點，最壞是被免職，機率最高是沒有人察覺。當我們試著這樣預測時，便會發現「三個結果的機率並不是一樣的」，而我們理應「先從機率高的風險開始應變」。在此例中，那就是「沒有人察覺」，既然沒有人察覺，又何需擔憂呢？

這方法不是叫大家用鴕鳥政策，而是以此帶領情緒去理性思考。當我們思考壞事發生的機率，以此作相應的預測和應變安排，便會「把注意力放在『要試試看才知道』上」，從而穩定情緒，拒絕擔憂。

在書中，和田秀樹分享了一個親身經歷：他經常四出演講，而他偶爾會在演講了十分鐘以後，突然回到後台穿上外套，並再度現身。

接著，他問觀眾：「我剛剛穿了什麼圖案的襯衫呢？」

和田秀樹發現，絕大部份觀眾啞口無言，答不出什麼來，而間中會有一兩名自信滿滿地說出答案的人，而他們的答案總是大錯特錯（例如說他打了藍色領帶，而他根本連領帶都沒有打）。

這小實驗證明了什麼呢？首先，這證明了他人對我們的評價不一定準確；另外，「無論是服裝還是一舉一動，其實人們都沒有那麼認真地在觀察別人」。

擔憂是一個不斷向內迴轉的怪圈。容易擔憂的人往往很在意他人的眼光，而當他們滿腦子想著別人怎樣看待自己時，便容易亂了心神而影響表現，當表現沒有如預期或綵排一般順利，心裡更是在意別人的評價，然後表現便越來越糟糕。擔憂與失準的惡性循環就此形成。

為了避免自己陷入這個惡性循環，和田秀樹叫我們在緊張時提醒自己：「你身邊的人其實沒有那麼閒，不像你想的那麼關注你。」

你或許質疑：這不是掩耳盜鈴嗎？若我們真的要以「盜鈴」為喻，和田秀樹的意思大概是：你不用靠別人的眼光或看法來證明自己是否一個賊，而我們應該誠實而認真地評價自己，心中有數。

當你在台上演講時，見到台下有一個人打呵欠，你以為他是因你的說話而發悶，但他可能是加班工作以後，依然決定放棄休息，寧願帶著疲憊的身軀來聽你一席話。重點是：我們無法從別人的眼光而知道對方的評價。

因此，請以誠懇的自己為自我檢討的標準！

「你最應該珍惜的人，就是你自己」，「坦誠接納自己，並採取能讓自己成長的行動」才是令自己免除擔憂下**快樂**成長的方法。

在那裡有一座很美的城堡，是仿凡爾賽宮和小特里亞農宮建造的，有許多房間、浴室和套房，全都可任使用。車庫裡有十四輛汽車，港口就一艘遊艇……他們起床後吃雞蛋、培根、火腿、腰子和麥皮粥的早餐，然後穿上雨衣前往濕漉漉的鄉下，食到午餐才回來，午餐有許多道菜，最後以德文郡凝脂奶油結束……五點時，他們喝下午茶，有各式各樣的蛋糕、麵包和奶油，以及茶和果醬。之後他們假裝打橋牌，直到該做一天中真正重要事情的時候——穿著打扮準備吃晚餐。他們穿著全套晚裝服用餐……吃下二十道菜的晚餐。晚餐結束時，他們談點輕鬆的政治話題，或聊聊哲學，直到該告退的時候。

「你可以想像這種生活會不會讓我高興？」現代舞創始人伊莎朵拉．鄧肯（Isadora Duncan）在她的自傳中問道。

當時，美國勝家縫紉機的財務繼承人帕里斯．辛格（Paris Singer）熱烈追求有時連排練室暖氣費也付不起的鄧肯。辛格帶鄧肯到了德文郡，過著鄧肯在以上日記記錄了的安定生活，並希望這位舞蹈家可以嫁給他。鄧肯的答覆是「在這幾週裡，我簡直受不了。」她寧願在工作室裡渡過寒冷的冬夜，也不願意過這樣只有飲飲食食的生活。

「你可以想像這種生活會不會讓我高興？」我們知道了，在那裡，鄧肯不高興。但換了是我，我好像可以想像到自己樂於那寧靜的生活，在濕氣與酒香中寫作。**快樂**的方法，因人而異，而你有令自己快樂的方法嗎？

購物、美食、旅行、遇上突如其來的好事，都可以教人快樂，但以上這四個選項都有共通點：外在的、一次性、只能創造短暫的快樂。短暫的快樂也重要，但如果我們想要持續而穩定的快樂人生，怎麼辦呢？

其中一本關於快樂的經典書是美國著名心理學家強納森．海德（Jonathan Haidt）所著的《象與騎象人：全球百大思想家的正向心理學經典》（*The Happiness Hypothesis: Finding Modern Truth in Ancient Wisdom*，意思是「快樂的假說」）。

在書中，海德提及了一個研究：調查人員找來了兩類人，一是剛剛中了彩票的得獎人，二是剛剛有了意外而癱瘓的人，兩者都剛剛遇上了「突如其來的事」，而研究發現（一個我們所有人都會知道的事）：得獎者快樂，癱瘓者不快樂。

但，研究的重點是：在過了好一段時間後，調查人員再一次去量度得獎者與癱瘓者的快樂指數，發現兩者的快樂指數都回到了「突如其來的事」發生之前的水平。於是，研究得出了一個說法：人們確實會因為「突如其來的事」而影響快樂與否，但人們同時具備在一段合理時間內消化掉這些外在因素的能力。

海德引用這研究指出，快樂是外在因素與內在控制的總和。購物、美食、旅行、遇上突如其來的好事等等，都是外在因素。因外在因素而來的快樂，並不持久，而要令自己持續快樂的關鍵，其實是內在控制。

「人的心理可分為兩半」，海德借用佛陀的比喻寫道：「一半像桀驁不馴的大象，另一半則是理性的騎象人，面對改變時，理智與情感的拉扯就像是『象與騎象人』。這種人象的對峙，不僅會影響我們的決策，也會削弱我們的幸福感。」

換言之，「我們的『心』是頭放任的大象；我們的『智』是具備掌控能力的騎象人」，而所謂的「內在控制」就是象與騎象人的互動，人的行為是看他如何處理內心那隻大象與騎象人之間的關係。那麼，騎象人有什麼技巧去駕馭這一頭大象呢？

答案是騎象人不能強行駕馭大象。

首先，我們要弄清楚一個事情：我們不是騎象人，而是「象與騎象人」的合體。我們不能夠只代入騎象人的主觀意識，而忽視了象的感受與想法，因為象與騎象人都是我們，而我們不應該對自己厚此薄彼。

我們總以為，騎象人在大部份情況下都能夠控制好代表情感的大象，如我們可以抑制慾望而守法合禮、我們可以管理好嘴巴而不說出傷害人的心底話等等。但，這只是剛好大象情緒好的時候，而不全然是騎象人控制著大象。

大象也有主觀意識。當牠心情不佳，而前行的方向與騎象人不一致時，騎象人便隨即失去了對大象的控制。我們理解此舉為「大象在反抗騎象人」，但事實只是大象在走自己想走的路罷了。

我們的文明強調理性而看輕情感，所以當大象情緒不好，做出與騎象人不一致的動作，那就是不合理性的行為，甚至是「壞行為」。

然而，大家有沒有發現，我們總是在關鍵時刻失去對大象的控制呢？海德提醒我們，所謂「關鍵時刻」，就是我們遇到突如其來的變化，或接受到新資訊的時候。舉例，在一般情況下，我們知道伴侶出席一個工作場合時，大象會乖乖的如常理解此事，而不會有什麼反應，但一旦有了「情敵也會在場」這新資訊時，大象往往會瞬間失控。

伴侶要出席一個有情敵在場的活動之「關鍵時刻」，也是理性上最不應該吵架的時刻，但偏偏就是我們會失去理性而妒忌或發怒的時刻。為什麼？海德說，當人接受新資訊時，第一個作出反應的是大象，而不是騎象人。情感總是比理性來得直接、來得急速。那豈不是很危險？

海德認為，騎象人只能夠與大象合作，而不能控制牠。在此之「不能」，實際上是騎象人的「無能」。騎象人一方面不可能比大象更有力氣，即理性總是壓制不住爆炸一般的突發情緒；而另一方面，大象生氣起來就是不聽道理，理性幾乎沒有可能說服到衝動之中的情緒。

這讓我想起一個故事。有一次，美國思想家愛默生（Ralph Waldo Emerson）和他的兒子，想要一頭小牛進入牛棚。他們一心只想做到這件事，要用一切方法將牛帶入牛棚，而忽視了小牛的感知。

愛默生父子兩人一個推一個拉，而那頭小牛卻原地不動。父子二人為著他們想要的結果，即小牛入牛棚而努力；但小牛亦然，牠跟愛默生父子二人一樣，也只想到牠想要的事，那就是堅持站在牠的那片草地上。

此時，一個女傭人經過，見到愛默生父子手足無措。她不像愛默生一般會讀書寫字，卻懂得牲口的感受和習性。她跟愛默生父子不同之處，在於她會想到小牛想要什麼，而不只是想要逼小牛做什麼。於是，這個女傭把她的拇指放進小牛的嘴裡。

小牛就這樣一邊吸吮著女傭的拇指，一邊溫和地跟隨她的步伐進入了牛棚。這故事帶來了什麼啟示呢？

我們不可能教導小牛進入牛棚的道理，卻只能夠靠那一根拇指去獎勵牠、引導牠，而對付每一個**當下**的情緒也是一樣。正如海德所言，要讓大象做一件事情，不是要嘗試令牠明白行為背後的意義，而是建立動機和獎勵去引導大象。

「我是誰？」這是哲學家長久以來叩問的問題。

有說「我」是身心靈的結合，有說「我」是不斷形成中的意識，又有說「我」是腦幹的電流活動，而艾克哈特．托勒（Eckhart Tolle）則說：「我」是一個觀察者。

托勒是一位在英語世界廣受好評的心靈作家，而在成名作《當下的力量：通往靈性開悟的指引》（*The Power of Now: A Guide to Spiritual Enlightenment*），托勒提出了一個教人找到「平靜的我」的方法：不要沉溺於過去，也不要估計未來。

托勒認為，人的煩惱來自於過去與未來，而問題是我們的意念習慣將「我」困於對過去的回想，以及對未來的投射之中。在托勒的想法裡，「我」不等同於「意念」（Mind）和「想法」（Thought），而是「我」常常受困於意念和想法。此話何解？

我們常常說，「我有自己的意念、我有自己的想法」。托勒疑問：這是真的嗎？究竟是「我」創造意念與想法，還是意念與想法規限、控制著「我」呢？

托勒提出了一個簡單的測試方法：你可以隨時隨地關掉意念與想法嗎？

當意念正在想一件過去不愉快的事，或正在想像未來將要發生的一件壞事時，你有辦法去叫停意念嗎？如果可以的話，你已經掌握「當下的力量」，否則，你（與絕大部份人一樣）都是受制於意念與想法的不自由人。

托勒指出，人是經常「自動導航」的生物。意念與想法常常進入自動導航模式，而偏偏它們傾向自動駛入擔憂、焦慮、後悔，以及害怕事情變壞的迷霧。

因此，我們需要有意識去反省自我，並將「我」與「我的意念與想法」分開。你可能會問：為什麼我們要學會分開「我」與「我的意念與想法」，而不是要「我」學會控制「我的意念與想法」呢？這是因為意念與想法是控制不了的。

當我們越想控制和阻止意念與想法，它們更會牢固地佔據我們的心靈。「我」可以擺脫意念與想法之方法，是與它們保持距離，並學會觀察它們。這可以如何做到呢？

記得！當下，屬於行動；意念，屬於過去與未來。

舉例，我們在進食時，不會在「想」自己吃了什麼或吃了之後會怎樣，而是專注於當下的「吃」。當下的吃，帶來滿足與幸福，而在吃之前或後的意念，往往是各種擔心與焦慮，「我會否吃太多？」、「這一餐是否太貴？」……

如果我們將「意念」擬人化，並了解意念的生存空間就是過去與未來，我們就會明白為何意念總是將我們拉到對過去的回憶，又或對未來的想像。因為只有當「我」留在過去或未來，「意念」才能存在。相反，當「我」聚焦於當下，意念便會被行動取代。

在此，我們可以如何與意念好好相處呢？我們可以怎樣既尊重意念給我們的回憶與想像，又可以自在地享受當下的行動與生命呢？托勒說，「我們可以觀察意念」。

我們不可以阻止自己去想像一隻粉紅色的兔子。只要你叫自己不要去想，那兔子就會出現在腦海。但，我們可以在意念中與兔子保持距離，與它遠一點、站後一點，觀察兔子的出現，並等待牠慢慢遠去。

這是一個冥想的練習：聆聽、觀察自己的意念十分鐘，容許所有的念頭在腦海出現，看著它們。這練習不是要你趕走那些湧現的念頭，你只需要在腦海裡看著它們。

當你嘗試這練習，便會發現一個念頭會自自然然取代下一個念頭。那些念頭會像高速公路上車子，在你眼前駛過，而一陣子後，車子的流量會慢慢減少。

托勒說，這是為了令我們創造「無念空隙」（No Mind Gap），意思是我們會享受一個短暫的無念狀態。在無念狀態，我們感受到當下的平靜，然後，意念很快又會奪回「我」，佔據、填充那個空隙。

無念的練習是持續的，當我們練習越多，無念空隙便會越大，而平靜的感覺也會越持久。作者如是說。但，我又會說：如果你是一個容易受傷的高**敏感**人，在進行無念練習的同時，你或許需要更多的心理建設。

你試過在社交網站看見朋友的抱怨貼文而對號入座嗎？你有否試過因為上司隨口一說的話而耿耿於懷？你又有否試過在約會之後，不斷回想自己說錯了什麼？如果有的話，你也是容易受傷的高**敏感**人。

我也是高敏感人。舉例，有一天，我步入辦公室，隨即見到那些本來正在聊天的同事止住了談話、立刻跟我打招呼，並回到座位工作。當時的我便想了一整天：他們討厭我嗎？他們正在說我是非嗎？我可以怎樣令他們比較喜歡我呢？

在《高敏感卻不受傷的七日練習》一書，心理諮詢師根本裕幸提到，高敏感人「與世無爭，總是早一步感受到周遭人們的需求」，但同時，早一步感受到不必要，甚至不切實際的傷害。在此，根本裕幸提供了一個為期七天的解毒療程。

第一天，嘗試把注意力放在當下的自己。高敏感人經常想念、推敲、估計「別人」在想什麼，卻忘了「自己」正在經歷、表現、得著什麼。因此，在解毒的第一天，我們可以用紙筆記下自己的現狀：我正在怎樣生活呢？我的優點、缺點是什麼？我有了一個怎樣的性格？諸如此類。這個練習的目的，是為了認清自我，而不是以別人作為認識自己的鏡子。

第二、三天，我們回顧過去，從而建立自我本位的思維。根本裕幸發現，高敏感人往往有一段（或多段）尚未釋懷而印象深刻的回憶。這些回憶曾經帶來沉重的傷害，以致人變得高敏感，而越敏感，便越在意，越在意又變得更敏感。

以我為例，我在中學時受到的霸凌對待，絕對是促使我成為高敏感人的主因。當時的我太害怕自己做錯了什麼而惹惱了欺凌者。按照根本裕幸的指導，我應該這樣問自己：現在的我，還是當時被霸凌的我嗎？當時的我或許軟弱，但現在的我不是已經長大、堅強，變得受人喜歡了嗎？我還需要繼續做一個容易受傷的高敏感人嗎？

當談及第一至三天如何回顧自己過去時，作者說到「叛逆期」的概念。我們一般以為叛逆期就是一個情緒激動的青春期階段，但根本裕幸提醒我們：叛逆期是人邁向獨立的必要成長，它是確立自我、摸索生存方式的本能手段。

青春期的叛逆是一種天性，可引導我們離開父母建立的舒適圈，步向可能有危險，但又滿有未知與機會的未來。當人們在青春期時沒有充份而適當地叛逆，就等於精神上永遠受到父母的保護，也就較容易成為高敏感人，總是在乎權威人士的眼光和評價。

若然你跟我一樣是這樣成為了缺乏適當叛逆的高敏感人，請不要放棄治療！繼續我們第四至七天的練習。

到了第四、五天，作者要求我們有意識地審視自我，問自己：我是不是一直以「他人為本」，而忘了自我呢？如果「是」，那我們便要平衡地提醒自己，反覆念著「我就是我！我可以的！」尤其在面對負評時。

高敏感人十分容易沉溺在別人的負評之中，哪怕對方讚十句而負評一句，我們也是在那一句負評中鑽下去。在此，我們兩個處理方法：第一，跟自己說「哪怕是缺點，還是失敗，它也可以是我的一部份」，從而慢慢接受不完美的自己；第二，我們可以把情緒寫在筆記本或日記上，高敏感人難以逃離悲觀的思考，但還是可以透過書寫去釋放情緒。

到了練習的第六、七天，作者鼓勵我們培養「有被討厭的勇氣」。當我們明白了過去使我們變得敏感，又了解自我是獨有而不完美，我們便有條件學會「自己的意見是可以跟別人不一樣」，而且「自己的意見可以跟別人的一樣重要，哪怕對方不同意」。

話說回來，高敏感人必須學會的，就是**自重**。

我們不開心的理由有千萬種，但歸根究底，也可以說是一種——想不通。

我們可能想不通一次被騙事件，而認為所有人都是壞人，世界是灰暗的；我們可能想不通一次失戀，而認為真愛不可能存在，戀愛是灰暗的；更可怕的是，我們也可能想不通臉上的一粒暗瘡，而頃刻間將自己的心情變成灰暗。

事情無論大小，從天災人禍到雞毛蒜皮，如果一個人會想不通的話，他就是會想不通，就是會因此而不懂得開心、不懂得**自重**、不懂得珍惜自己。

西班牙心理醫生拉斐爾．桑坦德雷烏（Rafael Santandreu）在《讓人生停止灰暗的藝術：變消極為積極的13個思維開關》一書，說了一個他的真實個案，我們姑且稱之為「矮女子的故事」。

話說，有一名患了神經官能症的年輕女子求醫。這名女子有喜愛的工作、幸福的戀愛、品味的生活、漂亮的樣子，卻有一事想不通：她覺得自己太矮！

一般人聽到此事，或許會一笑置之，但女子一米五的身高，真的造成她的精神困擾。無論室外還是室內，她無時無刻都必須穿著高跟鞋。哪怕要回睡房休息，她都必須將一對高跟鞋準備在床邊。當走到街上時，她會避開鏡子或一切反光的東西，以免見到自己長得比別人矮。

女子找來桑坦德雷烏醫生求醫，說了半天，醫生察覺女子一直想引導、暗示他說出一句話「其實你的身高沒有問題」。這句說話是女子想聽到的，也是一般人會講的安慰說話，但桑坦德雷烏醫生直斥其非，說道：「事實是，你非常矮。你天生就這麼矮，這是缺陷，也是事實，但這並不可怕。我想讓你懂得，儘管矮，你一樣會快樂。難道侏儒就不能快樂嗎？」

我們以為解決「想不通」的方法，就是改變想法，將壞事想成好事，將矛盾想為虛構，將「覺得自己矮」想成「身高正常」。但，矮就是矮，事實是不可變的，可以變的是理解這個事實的態度。

桑坦德雷烏醫生認為，人們「想不通」的主因是覺得有一些東西是「必須」，例如女子認為美好的人必須要高。從認清對「必須」的執著開始，人們慢慢才會學懂想得通。

從小到大，我們都學了不少似是而非，看似矛盾的道理，例如有說人「不要當縮頭烏龜」，要敢於面對困難和挑戰，但又有說「潛龍勿用」，教人知所進退。後來，我終於明白一本通書不能看到老，正如人也有去做一隻縮頭烏龜的道理。

印度教經典《聖典博伽瓦譚》（*Srimad Bhagavatam*）〈五十八節〉，寫道：「一個人如果能像烏龜將四肢縮進龜殼，而且有能力從探索世界的旅途中喚醒自己的每個器官，加以細察，就等於成功掌握了自身意識中的最高層次。」

「烏龜將四肢縮進龜殼」的大道理，如是者啟發了德國心理學家龍悠（Aljoscha Schwarz）與冥想導師朗諾德．史威普（Ronald Schweppe）寫下了《烏龜的七個秘密：歐陸最暢銷自我凝聚練習，讓平靜安穩由內而生》一書。

作者以說故事的方式寫道：在森林裡，有一隻非常非常老的烏龜，牠「完全什麼都不做、什麼狀態都不追求，甚至全然隱身於『虛無』」，但牠卻教導了其他動物「無所事事的藝術，亦即如何回歸內在、養精蓄銳、守護平靜」。

這一隻老烏龜「不滿足於有能力將頭、尾、四肢都縮進龜殼」，「更能將自己的念頭和感受全然脫離外界。日子久了，思想變得悠然自得，維持著神清氣爽的愉快心情」。

換言之，烏龜的秘密很簡單：明白造成自己情緒紛擾的事物，就是內在對外界的羈絆。羈絆有正有負，正面的羈絆指我們想要的事物，負面的羈絆指我們懼怕或想逃避的事物，而正負羈絆都會造成心靈的不平靜。

你或許會質疑：人怎能像龜一般躲於殼內，安於現狀而不求突破呢？對！所以，我們要學的不是一隻龜的道理，而是龜作為一個物種的秘密。

作者提醒我們，「世界上還有哪種動物能活到兩百五十歲？又有哪種生物能夠在全球海域中游過三千公里遠？」，「恐龍絕種了千百萬年，烏龜依舊存活直至今日」。

毅力，加上適時**脫離**外界而完全放鬆，正是烏龜教我們的生命課。

作為一名全職作者，我的日常工作只有兩項：寫作與閱讀。同時，作為一名喜愛創作與文字的人，我的閒時樂趣也主要是兩項：寫作與閱讀。

當我生活稱心滿意時，固然要寫作與閱讀，但就算我遇上困難與焦慮時，我也是透過寫作與閱讀來協調心情，尤其在閱讀之中，我看著一頁又一頁的書，讀著一句又一句的文字，往往就能**脫離**外界的干擾，穩住心靈。

我本以為這是我的個人天賦，直至我讀到《療癒身心的書目療法：在對的時間讀到對的書，透過7個選書練習，釋放每個過度努力的你》一書，才知道閱讀的治癒力是有根有據。作者寺田真理子是日本書目療法學會的會長，她在書中一方面講解「書目療法」的歷史與由來，另一方面以「一問一答」形式解釋書目療法的理論與應用。

所謂「書目療法」，它的英文是「Bibliotherapy」。「Bilbio」源自古希臘文，指書籍或經典，「Therapy」即治療。書目療法的字面意思就是「使用書籍作治療用途的方法」，而其中一個較多人用的定義是「透過特定方向性之閱讀，引導解決個人問題」。

在書中，寺田真理子說到「書目療法」的遠古由來。話說，在古希臘底比斯圖書館，門上便寫著「療癒靈魂之地」。到了十六世紀，因《巨人傳》而聞名的法國作者弗朗索瓦．拉伯雷（François Rabelais），原來也是一名醫師，而他「在開給患者的處方箋上，總會添上一筆文學書名」。

到了一九三〇年，書目療法的官方歷史開始，始於梅林哲（Menninger）兄弟的成果。當時，哥哥卡爾．梅林哲出版了一本題為《人類之心》（*The Human Mind*）的精神科醫學專書，卻意外地成為了賣出二十萬冊的暢銷書。弟弟威廉．梅林哲見此，認為是因為「一般人可以活用本書來解釋自己的煩惱」。因此，他花了五年時間，研究「將閱讀材料作為精神病住院患者的治療處方」，而它的研究成果便成了書目療法的重要史料。

長話短說，今時今日，書目療法已經在不少國家或地區廣泛使用。舉例，位於美國曼克頓市中心的「小說中心」（The Center for Fiction），其書目治療師會針對前來諮詢的求助者開出每個月一冊，一共十二冊的書籍作為處方，書單全部都是小說，內容大多與求助者的遭遇類似，藉此讓求助者與主角產生共鳴，並從主角如何突破困境的情節得到啟發。

又舉例，一項名為「幸福閱讀」（Reading Well）的計劃自二〇一三年起於英國展開。計劃列出了三十本指定圖書，並讓治療師配合輕中度憂鬱症、恐慌症、過食症等精神疾病患者的症狀作處方。另一方面，計劃與公共圖書館合作，讓患者能夠在圖書館借到處方書。到了二〇二〇年，幾乎全英的所有圖書館都引進這計劃，累計超過一百二十萬人使用，而當中百分之九十的人認為書目療法是有所幫助的。

在以色列，書目治療早被納入藝術療法之一，書目治療師的專業資格更是由國家發給證照。那麼，在書目治療還未普及的此時此地，我們可以怎樣做？不外乎多一點讀書，但求不必多病，也能自醫。

當人們以為書目療法又是一種新興的身心靈活動，寺田真理子以當代科學研究指出書目療法的理論依據。例如英國薩塞克斯大學（University of Sussex）於二〇〇九年做的一項調查，指出在「音樂聆聽、品茶、喝咖啡、電玩遊戲等各式各樣放鬆身心的娛樂活動當中，效果最為顯著的就是閱讀，透過文字能讓壓力下降的程度高達百分之六十八」。

此外，一項由美國耶魯大學研究團隊進行了十二年的調查指出「閱讀的人之壽命，比不閱讀的人多了兩年」。你或許會問：如果我是那一種看兩頁書就會昏昏欲睡的人，書目療法還能夠幫助我嗎？

寺田真理子的答案是鼓舞的，因為不少睡眠學專家都推薦以閱讀引導身體收到「現在是睡眠時間」的心理暗示，而另一項美國明尼蘇達州醫療院的研究，更指出「紙本書能夠簡單地切換心情」。

我們又可能這樣想：如果你讀兩頁書便昏昏欲睡，哪怕閱讀未必能夠治癒你，至少可以讓你睡一個好覺。

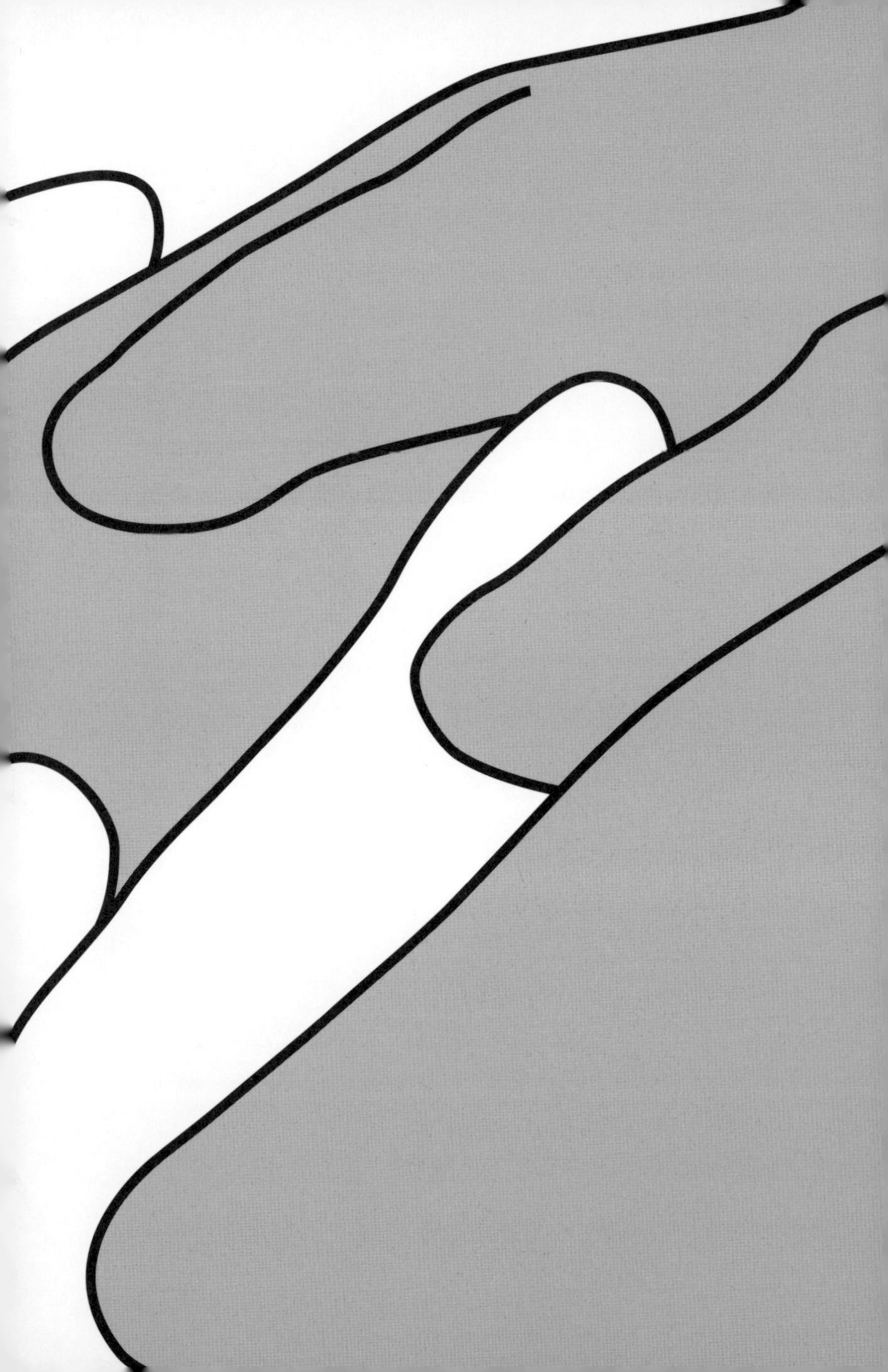

金錢：與錢大人打交道

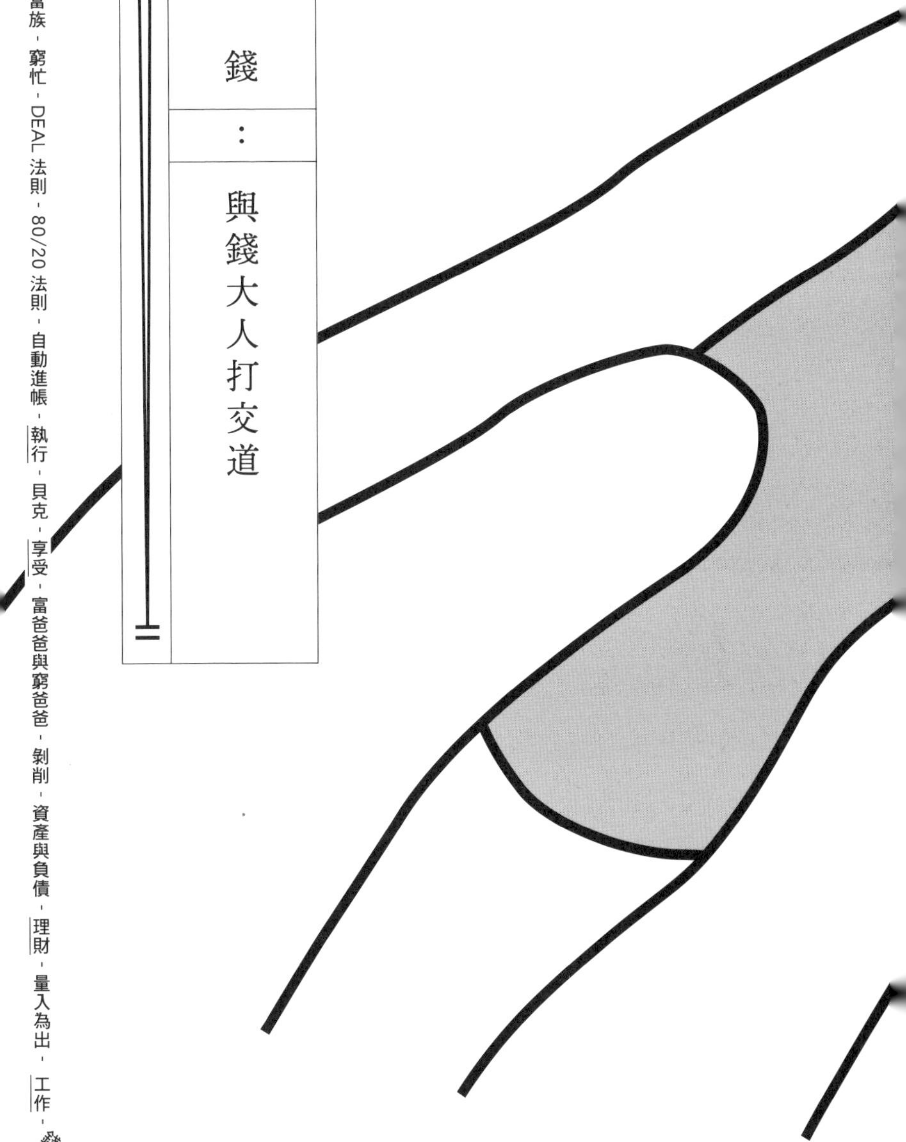

世人都有一種誤解，總是覺得文人、藝術家沒有理財的必要，彷彿一談到錢，就會損害到創作的過程與質素一般，但我特別贊同一位前輩的話：「理財，是為了換取**自由**，有了自由，便放心創作。」

有關「財務自由」的書不少，其中一本是托尼．羅賓斯（Tony Robbins）的《錢：七步創造終身收入》（*Money Master the Game: 7 Simple Steps to Financial Freedom*）。羅賓斯是一名頗有爭議的「人生教練」，而《錢：七步創造終身收入》一書是他其中一本暢銷書，是他訪問了五十名著名投資人而寫成的理財書籍。

在書中，羅賓斯談到不少技術性的理財知識，包括如何計算出可以達到財務自由的投資金額、每月投資配置、基金選項等等。以上的都是執行細節，在我讀來，這七百頁內容的原則只有一條：投資，越早越好。

羅賓斯寫到一個速遞員的故事。話說在一九二四年，有一位名叫西奧多．約翰遜的年輕人，入職一間美國速遞公司。約翰遜是一名盡責的前線速遞員，慢慢成為了公司的長期服務員。作為基層員工，他數十年來的年收入始終沒有超過一萬四千美元。

但，約翰遜有一個「良好」的投資習慣：他持續地將收入與年終獎金的百分之二十買入自己公司的股票。到了約翰遜年滿九十歲的時候，他投資在這公司的股票總值達到七千萬美元。以港元換算來理解這故事，即一名月入不超過一萬元的人，在退休後有超過五點四億的資產。

這是匪夷所思的故事，旨在證明「投資，越早越好」的道理，而這故事還有了一些值得思考的點子，例如投資單一股票不算是「良好」的投資策略，又例如居然有人會愛自己的公司，愛到將收入買回自己公司的股票，猶如都市傳說。

我認同羅賓斯的一個說法：世界上有不同的投資工具，我們先要知道它們，才能作出選擇，但「知道不是力量，執行才是力量」，越早**執行**，累積的力量越大。

我們從小被教育去**執行**一個預設了的「理想人生」，而基本結構是這樣的：我們花二十多年學習和考試，接著找一份朝九晚五的工作，一直工作到六十五歲，然後退休，享受人生。

你也在執行如此的人生嗎？你或許會說「怎麼可能？現在哪有朝九晚五的工作，我都朝八晚十一」，你又或說「六十五歲可以退休嗎？我怕連房貸也未有付完」。然而，有一位作者卻提出了一套方法，不單可以幫你解決以上難題，還可以令你重建理想生活。暢銷作家提摩西．費里斯（Tim Ferriss）在《一週工作4小時：擺脫朝九晚五的窮忙生活，晉身「新富族」！》（*The 4-Hour Workweek: Escape 9-5, Live Anywhere, and Join the New Rich*）提出，我們應該「擺脫朝九晚五的窮忙生活，晉身『新富族』的行列」。

什麼是「新富族」呢？費里斯說，新富族是全球化發展出來的優秀人士，新富族不盲目追求擁有多少金錢，而是講究要擁有多少自己可以支配的時間，以及不被捆綁在某一地點工作的自由。在新富族眼中，時間比金錢更有價值，他們會考慮如何擁有更多的自由時間，然後把時間運用在對人生有意義的事情上面。

新富族的「時間—金錢」邏輯違反了我們的常識。我們一直以為，賺取金錢是為了換取時間，但費里斯提醒我們在當下高度資本主義化的社會，我們只是花光了時間去換取金錢，而更重要的是「一直工作到六十五歲退休」的想法根本不切實際。

費里斯寫道，「把退休當作人生終極的回報是錯誤的」，當我們「把自己最有活力、最有精力的時光都放在工作上，延遲自己想要過的生活，然後期待在六十五歲後才來享受，才去追求人生，這其實是對人生的一種浪費」。

或許，你會說這不過是暢銷作家的高談闊論，但不可不知的是，費里斯除了是暢銷作家，更是普林斯頓大學企業管理課程的客席講師，以及多間著名跨國企業的早期投資者。此外，他還是擁有四個冠軍頭銜的無限制格鬥選手，以及一名鯊魚觀察潛水員。他是如何做到如此「生活—工作」的良好平衡呢？

費里斯身體力行，成為了既取得商業成功，又發展了多門興趣的新富族。他歸納了自己的經驗，提出要幫人生做一場「好交易」（Good Deal），即以花最少的時間而獲得最多的成果。「DEAL」分別代表「定義人生」（Definition）、「削減雜務」（Elimination）、「自動進帳」（Automation）、「自由逍遙」（Liberation）。

「定義人生」指要認清自己正在執行的人生計劃（如果有的話）是否妥當。舉例，A是「年薪一百萬，但因為工時過長，時薪只有兩百元的人」，而B是「年薪五十萬，而每天工作兩小時，時薪達兩千元的人」，你會選擇當A還是B呢？

費里斯會選擇「更有效率」的B，因為這樣的思維才會換取更多的時間去完善人生。但我想，A或B都可以是你的選擇，更重要的是，你先要有去思考這個問題的意識，從這個有關「時間效益」的意識為起點，才能有機會重新定義人生。

接著，我們需要「削減雜務」，「用最少的時間，完成能讓自己更接近人生目標的事情」。在這個環節，費里斯依賴兩個著名理論：「帕金森定律」及「80/20 法則」。

正如之前所提及，「帕金森定律」告訴我們：工作會「自動地」填滿我們可以用的所有時間。舉例，一個只要「三小時」便能完成的任務，若然你劃出了「一天」的時間來完成它，你就會真的花上了一天，而不會提早完成任務。這個定律聽起來有點荒謬，但我相當肯定，你和我都曾經如此荒謬地浪費時間。

另外，我們也要時刻留意「80/20 法則」的應用，明白絕大部份的成果是來自有焦點的專注，堅持「只做最重要的事情，來減少工作時間」。有了以上的覺悟，我們才有機會更進一步去做到「自動進帳」及「自由逍遙」。

根據費里斯的人生觀，如果人生目標必須要有「工作」的份兒，那目標應該是「工作是為了擁有事業」。然而，普遍人死命工作，卻不是為了這個遠大的事業目標，而是為了收入。

因此，費里斯提出要將收入自動化，即「自動進帳」。費里斯的重點不在於創造坊間流行的「被動收入」，而在於釋放自己的勞動力，以至（更重要的）時間！

在此，費里斯花了不少篇幅糾正「忙等於能幹」這錯誤觀念。費里斯指出，能幹的人都滿有效率，而高效率的關鍵在於分工，為自己的工作分工。能幹的定義不是要由自己來處理所有事情，而是要學會「外包」，將自己部份的工作分送出去。

關於外包，有三個要點。第一，不是所有工作都適合外包，耗時的工作固然要外包，但更要留意外包工作必須是可以「明確定義」的任務；第二，要將外包的成本視為投資，那是可以幫你換取更多的時間，而對於新富族來說，時間比金錢重要；第三，要調整心態，從被指派工作轉到指派別人工作，從下屬角色轉換成企業家視角，從而享受外包的過程。

最後，也是「幫人生做一場好交易」的最終目的：自由逍遙。費里斯認為，以「人生最後十年去退休生活」作為**享受**人生的目標並不理想。在終身聘用制早已消失的時代，我們應該將「最後十年」平均分佈在人生不同階段，給自己訂下「迷你退休」，例如每隔一陣子便在外國住上一至六個月，之後重回職場。

你一定會說：這太難了吧！沒有人說不難，因為難在我們的固有心態，但你再想一想：這真的不可行嗎？

寫作，往往給人一種浪漫的想像。這就像美國作家尼可森・貝克（Nicholson Baker）

的故事：貝克本來是一個白領工作者，而當他正在書寫第一本小說《樓中樓》（*The Mezzanine*）的時候，他是以「純真、幸福自由的一小時」中午時分來創作的。

我們都喜歡這樣浪漫的創作故事，但實情是：為了生活，貝克每天只能以一小時寫作。文藝創作人都是現代世界的社會動物，難以擺脫金錢運作的邏輯。創作人也要衣食住行，也要消費，也要有生活**享受**，於是也要懂得理財與投資。否則，每天都在憂柴憂米，又怎樣專注創作呢？

說到理財的經典書，有一本哪怕你沒有讀過也一定聽過書名的，那就是羅勃特．T．清崎（Robert T. Kiyosaki）所著的《富爸爸與窮爸爸》（*Rich Dad, Poor Dad*）。這是一本老書，但書中的故事與道理，依然發人深省。

作者的爸爸是一位學校老師，擁有博士學位，雖然薪金不低，但一生卻為了債務和金錢而煩惱，也就是作者的「窮爸爸」；同時，作者有一位好友麥克，麥克的爸爸是一個企業家，雖然高中都未畢業，卻成為了夏威夷最有錢的人，也就是「富爸爸」。

從窮爸爸身上，作者見到教訓和警惕，並從與富爸爸的相處，學習到理財之道。在作者與麥克九歲時，富爸爸以十分錢一小時僱用他們的勞力，也令作者與麥克首嘗工作的辛勞。後來，他們無意間收集了一堆漫畫，想到以五分錢一本租借出去，再以五分錢一小時僱用自己的妹妹看店，而他們兩人則逍遙自在的等待收入。

在此事中，他們一方面明白了為金錢勞動的苦，而決定不再以十分錢一小時為富爸爸勞動，另一方面學會了「讓金錢為自己工作」，而不是以勞動來工作。如果容許我加一個註腳：當他們知道十分錢一小時是苦差的報酬，卻以五分錢一小時僱用自己的妹妹，這也是他們學會「剝削」的時刻。

話說回來，作者學會了「不為金錢而工作」，同時明白窮爸爸賺到了錢卻活得辛苦的原因，因為窮爸爸以金錢衡量工作，同時也只懂得以金錢來享受，以花錢消費來賺取短暫的愉悅。金錢左手來右手去，也就成不了富人。

在此，我不禁感嘆：作者的致富之道，竟然從厭棄生父剝削妹妹為起始。難道佛洛伊德又說對了什麼嗎？

無論如何，清崎認為傳統正規教育教導我們為錢工作的技能，培養了像窮爸爸一樣的專業人士，卻沒有教我們像富爸爸一樣的賺錢能力。於是，高學歷的專業人士或許會有一份高收入的職業，卻總是沒法留住賺到的錢，更遑論做到要金錢為自己工作。

若然我們想成為富爸爸，成功的關鍵不在於高智商、高學歷，而是高財商，即擁有高水平的理財技能。

舉例，作者指出不少人都混淆了資產與負債的概念，以為自己買的負債是資產。眾所周知，我們應該購入資產，減少負債，但問題是，如果我們以貸款買入一個房子，那是資產，還是負債呢？

資產是「那些把錢放進你口袋的東西」，而負債是「從你口袋掏錢出來的東西」。如果你買房子自住，每月要支付貸款，而沒有給你帶來收入，那就是你的負債。相反，如果你買房子來放租，租金扣掉了貸款後，還能給你收入的話，那就是你的資產。

你大概立即回應：我買的房子可是會增值啊！是的，但是在你賣掉它的時候。在此，作者為自己的房地產投資設定時限，務必要看準市場時機，並在七年內轉售賺錢。

富爸爸越來越富，因為他持續購買資產，資產幫他工作，為他帶來收入，而作為中產的窮爸爸沒有富起來，因為他以為自己買了資產，卻是給自己添了一身（甚至一生）的債。

同一筆錢，窮爸爸會將之完全投入一個理想的房子，但富爸爸卻會用來買兩個普普通通的屋子，一個自住，一個放租。這裡的重點不是我們是否能夠做到（要買一個普普通通的屋子已經多難啊！），而是「增資產減負債」與「增投資減消費」的理財觀念。

最後，清崎提醒大家，學一點財商，不是要你財迷心竅，更不要為了想成功賺錢而亂投資，而是為了更有知識去**理財**，並要記得：請勿投資你聽不明白的生意！

大家有沒有留意到一個似是而非的現象：在網絡上的短片世界，所有教導我們減肥、增肌、運動的主持人，他們看起來都是不用減肥、增肌、運動的人，彷彿根本不用去實踐他們在短片中教授的內容。

然而，我們又知道他們之所以窈窕、有肌肉、健康，正正因為他們長期運動，哪怕他們的體格與身心都到了一定水平，他們依然繼續成功的方法，維持狀態，甚至進步。

因此，我們會跟健康強壯的人學習如何運動，同理，我們也應該跟有錢人學習如何**理財**、致富。

《原來有錢人都這麼做：效法有錢人的理財術，學習富人的致富之道》（*The Millionaire Next Door*）一書的作者湯瑪斯．史丹利（Thomas Stanley）與威廉．丹柯（William Danko），花了多年時間追訪有錢人，希望從他們身上學習致富之道。作者先從居住在高級住宅區的群體做訪問，發現了第一個觀察：原來，很多真正的有錢人，都不住在高級住宅區。

作者發現，有超過一半以上的百萬富翁都住在同一個住宅超過二十年之上。他們不追求名車（甚至只會買二手車）。作者明白：有錢人相信經濟獨立與財務自由，比展現崇高社會地位更加重要。

有錢人的共通點還有很多。例如量入為出。有錢人的量入為出，不是月光族一般的量入為出，而是有效追蹤開支，一方面控制消費開支，另一方面做好投資。平均來說，有錢人將年收入的百分之二十投資，而超過百分之九十都是一年以上的長遠投資。

有錢人的身份定位也是關鍵。絕大部份有錢人自稱老闆，百分之七十五稱自己為企業家。這一種為自己事業與財產全權負責的身份定位，帶領他們白手起家，一步一步成為百萬富翁。

說到底，什麼才是有錢人呢？定義很多，但書中的有錢人都有存款，而存款至少足夠他們在十年沒有收入的情況下，維持現有的生活水平。

最後，有錢人還有一個共通點：他們選對了職業。他們熱愛自己的工作，比一般人投放多一倍的時間於自己的事業，而不是得過且過的上班下班。《原來有錢人都這麼做：效法有錢人的理財術，學習富人的致富之道》一書，弔詭的告訴我們：原來，有錢人都要**工作**。

在一個講座上，有一個觀眾大聲發言，問台上的藝術家與我：「我十分想從事藝術工作，但我可以怎樣跟父母解釋藝術家一定會窮，而他們又不必擔心我呢？」

我很想告訴他（以及他的父母），藝術家不一定要窮，奈何一生為金錢而煩惱的梵谷（Vincent van Gogh）之名聲，實在太大，大得彷彿代表了所有藝術家發言一般，而我也只好介紹大家讀一本書，日本生活美學家松浦彌太郎的《不再為錢煩惱——松浦彌太郎的新金錢術》。

松浦彌太郎曾經擔任經典雜誌《生活手帖》總編輯，出版多本有關自我修養的書籍。在《不再為錢煩惱——松浦彌太郎的新金錢術》一書，松浦彌太郎沒有具體談賺錢、投資的方法，而是談論人與金錢的關係。「學校和公司都不會教我們金錢的使用法」，松浦彌太郎寫道，更沒有教我們「對金錢的觀念。如果你覺得不應該談錢或談錢很骯髒的話，那你就不可能和金錢變成朋友」。

「與金錢做朋友」正是松浦彌太郎對待金錢的態度。他認為，我們怎樣對待金錢，金錢就會怎樣對待我們。這聽起來有點像泛神論，但事實上，這是指出我們要視金錢為有血有肉的存在，並以珍惜的態度對待之。

松浦彌太郎教我們尊稱金錢謂「錢大人」。金錢不是一張張冷冰冰的鈔票，而是一個我們尊敬而有溫度的朋友。錢大人不必要高高在上，而我們是發自內心的喜歡他、尊重他，同時也像對待朋友一樣，不會過分的消費他、透支他。

我們不會說朋友的壞話，所以我們也不會說錢大人的壞話，不會將「我真是窮呢」、「金錢是萬惡」、「討厭銅臭」等說話掛在口上。我們打從心底裡珍惜與錢大人的緣份。因緣際會，錢大人有時與我們相處多一點，又有時離我們遠一點，但只要是朋友，我們總會重聚。

當你們下次花錢的時候，不妨這樣問一問自己：我這樣花了手上的金錢，錢大人會開心嗎？當我們視錢大人為朋友，我們便會好好考慮怎樣與他「相處」。與錢大人相處的方法，不過三種，分別是消費、浪費、投資。

這三種方法的具體內容，顯而易見，我就不多說了，松浦彌太郎的重點是：我們要與錢大人好好相處，花錢在基本的、生活必須的消費，減少（傷害錢大人感情的）浪費，並進行投資，好讓金錢滾動起來，也讓錢大人越來越健康、越來越有福氣。

松浦彌太郎是一位有同理心而務實的作者，他認為每一個人都會在「消費、浪費、投資」這三項花費上有不同的比例，而我們也沒有必要盲目的跟隨別人的比例。理由是：每一個人都有自己人生追求的目標。

更重要的是，當我們清楚了人生目標後，不少花費便會從浪費變成投資。舉例，如果我們單純為了娛樂而購買日語動畫，這是浪費，但若然我們明白到自己的目標是學會日語，那麼花錢收看日語動畫，就是一項投資，即一項自我增值的投資。

當然，還是那一句老話：我們必須誠實面對自己。一項花費是浪費，還是投資呢？我們大概心中有數，切勿自欺欺人。

「那只要零浪費就好了嗎？」松浦彌太郎寫道。「其實零浪費是不可能的，而且未必零浪費就是好事，因為我認為浪費對人類來說不可或缺。人類過度的節儉禁慾會累積壓力。」

另一方面，「人類過度禁慾，就會失去身為一個人的柔性面」，那就是變成一毛不拔、不講究生活品質、凡事以價錢來衡量價值的人種。有人可以選擇這樣的生活方式，但這樣的人傾向較少朋友，更絕少是有趣的人。

既然不要零浪費，那麼我們應該如何浪費才好？

松浦彌太郎的答案是「你要有意識的浪費」。如果我們沒有意識的浪費，那一項花費便真的只是帳單上的一個加減動作，但若然我們有意識的浪費，金錢花了，我們卻賺了一個經驗、一種放鬆或感恩的感覺，甚至有時成為「休息是為了走更遠的路」的投資。

最後，在誠實面對自己的前提下，還是有一條金科玉律：「浪費，不能大於投資」。金錢如是，時間與感情亦然。

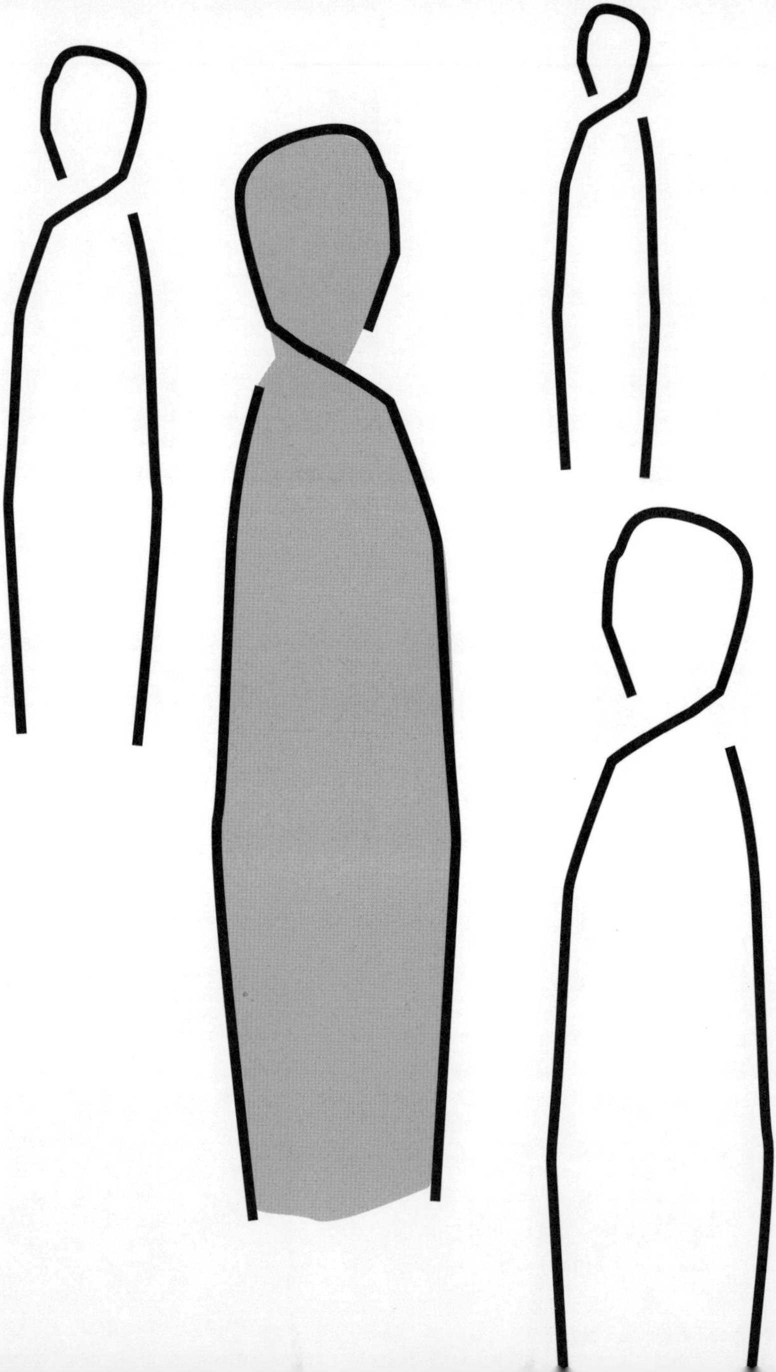

夥伴：說純正美好的語言

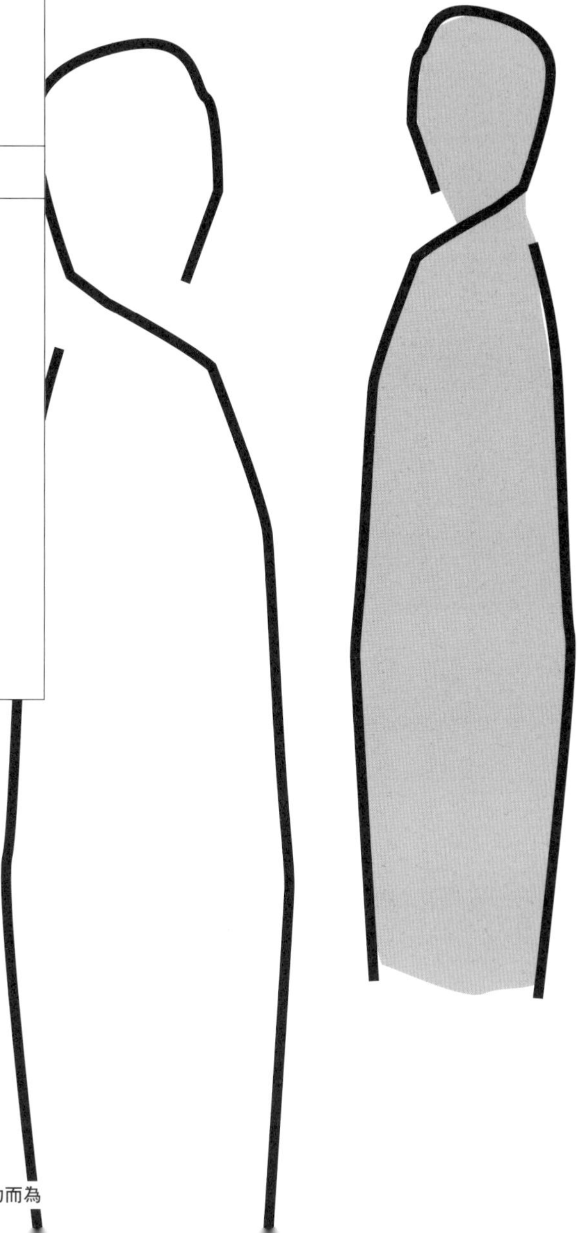

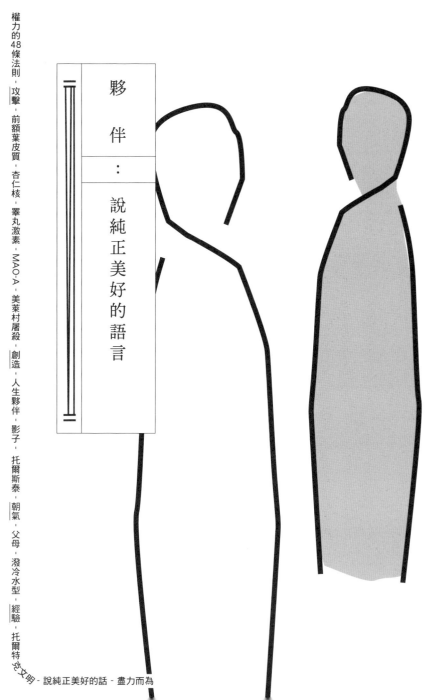

在生活學的書系中，有一類書是專門教大家「如何為人處世」。這些書總是提出若干處世法則，從數個至一百個不等，而在茫茫書海之中，當中有部份處世書會成為暢銷書，當暢銷多年便成了經典。然而，我想提醒大家，當選讀這些教人處世的暢銷書時，你先要認清它的流派。

武俠小說裡，有分正派與反派，兩派都有各自出色的武功，訓練得宜均可以成為武林高手，但反派的武功卻有一種危機，那就是修煉之人稍一不慎，便會走火入魔。這番道理放在審視教人處世的暢銷書同樣成立。

教人如何處世的暢銷書也分兩大類，正派與反派，前者相信人性本善，以純粹的愛與同理心構建與人為善的行為模式；而後者則相信人性本惡，透過操控別人的自私、野心、信任，而換取自己的利益。這類反派的書，的確有寫得極出色的，作者既是引經據典，又實實在在指出了人性的基本（與惡），但讀者讀來卻要小心，以免走火入魔。

其中一本反派暢銷經典是美國作者羅伯特・格林（Robert Greene）的《權力的48條法則》（*The 48 Laws of Power*）。格林於一九九八年出版此書，隨即受到各界關注，從名人到在囚人士都十分喜歡互相推薦，全美國賣出超過一百二十萬本。

此書以西方歷史作為材料，寫出人性之惡如何幫助一個人的地位提升，並構建出四十八條法則，例如「永遠不要太信任朋友」、「隱藏你的意圖」、「讓別人戰戰兢兢，營造高深莫測的氛圍」、「找出每個人的缺點」、「攻擊牧羊人，羊群就會四處奔跑」等等。

我不得不承認，這些所謂的法則有它一定的道理，而當我讀下每一節時，也想起了曾經遇過的一些「成功人士」，而這些人臉更是反覆出現於我的腦海中，證明書中的道理的確令某些人成功了。但是，這些「成功人士」都不是我願意跟他們做朋友的人，而我也不肯定，他們的成功有否令他們更愉快，更美滿。

反派的功夫，還是少一點觸碰為上。

試想一下這樣的情景：在大街上，突然有一名男子從遠處向你衝來，你從他的臉部表情分辨不出他的情緒，但他手中彷彿拿著一件黑色的物件，而當他逼近你面前，在這危急關頭，你會怎樣做？你好可能會**攻擊**他，往他揮拳。

為什麼你會揮拳呢？這是《行為：暴力、競爭、利他，人類行為背後的生物學》（*Behave: The Biology of Humans at our Best and Worst*）一書的作者羅伯・薩波斯基（Robert Sapolsky）試圖探索的問題。薩波斯基是一位神經生物學家，而他嘗試以生物學的角度解答這問題。

薩波斯基的答案是：構成行為的原因，很複雜。這答案叫你失望？且慢，薩波斯基進一步解釋了何謂之「很複雜」。

首先，在你揮拳前的一刻，你腦內的杏仁核會作出反應。杏仁核處理暴力和恐懼，當它感到威脅，便會作出反應，包括暴力的反應（揮拳也是暴力）。同時，你的前額葉皮質也在運作。前額葉皮質負責及時聯絡杏仁核，質問它：「你肯定這是威脅嗎？」而如果你特別累、餓，或睡眠不足，你的前額葉皮質會運作不好，則更難平衡杏仁核的反應。

以上是揮拳前的一刻，但在揮拳前的數小時至數日，大腦的運作也會影響到你的揮拳決定。薩波斯基說，這涉及激素的分泌，例如睾丸激素。無論是哪一個性別，當血液裡的睾丸激素升高，杏仁核運作便會加快，而前額葉皮質運作會變遲鈍，則你更有可能把表情中性的臉孔，當作是一種威脅。

那麼，幾週、幾個月前的大腦，又如何導致我們決定揮拳呢？這涉及神經可塑性的領域。薩波斯基指出，人的大腦會根據經驗而改變，如果你數月以來的生活充滿壓力，或遭受創傷，你的杏仁核會擴大，神經元會變得更敏感，前額葉皮質會萎縮。

薩波斯基說，如果我們將時間線再往前推，更會發現，基於前額葉皮質在二十五歲前還未完全形成，青少年的成長經驗大大影響了前額葉皮質的發育，也根本地構成了你這一刻決定揮拳的行為。

這種對人類行為的生物學解釋，可以給我們帶來什麼啟示？

如果人類一剎那的行為決定，其成因可以追溯到數小時到數個月前，以及二十五歲前的生物因素，而我們將時間點推到極致的話，人類的暴力行為便可以追溯到一種基因變體叫「MAO-A」。有這變體的人，便非常有可能做出反社會暴力行為。在此，薩波斯基是想說明人類的行為均是生物性的先天決定嗎？非也！

人類的基因和處境是交互作用的。換言之，先天與後天、處境與主體是互相影響。以 MAO-A 為例，它可以先天的置於某人的基因，但它不一定會引起反社會暴力行為，除非這人在孩提時曾經被虐待。

更美好的世界，是由個體行善而成的。每一個個體的善良行為，可以集結成為共同的善良環境，從而讓個體更容易作出善良行為。這本是簡單不過的道理，但人們為什麼還會行惡呢？反過來說，一個正在行惡的人怎樣才會突然轉向善行呢？

薩波斯基舉了一個例子。話說，在越戰中，其中一件最可怕的事件是「美萊村屠殺」。一九六八年三月十六日，美軍的一個軍旅攻擊一個沒有防禦的村子，村子裡全是平民。美軍在此屠殺了三百至五百人、強暴女性、肢解屍體。

當時，偵察直升機機師休斯．湯普森（Hugh Thompson）駕駛一架武裝直升機前來村子。他下了直升機，目睹美國士兵正在射殺幼兒、老人。他頓時理解到正在發生的慘劇，立即回頭駕駛直升機，降落在美國士兵和當地村民之間。

湯普森把他的重機槍對準了他的所謂「同伴」，說：「如果你們不停止殺戮，我會把你們全消滅。」湯普森的介入，終止了美萊村屠殺事件。湯普森何以從一名支援同伴的直升機機師，變成嘗試停止暴力的人呢？

薩波斯基解釋，因為在那一刻，湯普森心目中的「我們」是被傷害的平民，而非所謂的同伴。這也終於來到我的結論：與善的人、對的人同行，是我們一起作出善良行為的前提。

因此，我們要努力**創造**良好的夥伴。

人生有太多貌似互相矛盾、莫衷一是的道理。舉例，有說人是社會動物，我們必須學懂與人相處才能夠成功，但又有說人要面對孤獨、特立獨行才能夠成功。究竟，這是各執一詞的兩家學說，還是我們誤解了什麼呢？

我們之前提到的日本作者松浦彌太郎，還寫了一本名為《創造人生的夥伴》的書，或許可以幫助我們思考以上的問題。首先，我們要弄清楚什麼是夥伴。我們身邊可以有不同的人來來往往，但他們不一定是我們的夥伴。松浦彌太郎寫道，夥伴是「願意為你而行動」的一種支持。

「在困擾面前人人平等」，松浦彌太郎說：「但成功人士或一帆風順的人，就算有困擾也絕不會朝不好的方向前進。這是因為他們有『正確的夥伴』。」「正確的夥伴」可能是家人、朋友、同事、客戶、不曾見面卻認識的人。如果我們處理得宜，這些人會成為我們的「陽光」；相反，卻會成為我們的「影子」。

怎樣才能創造像陽光一般的「正確的夥伴」呢？松浦彌太郎說：「創造以自己為中心的一個命運共同體。」當「我」找到與「夥伴」彼此交疊的生命軌跡，大家自然會願意為彼此而行動。換言之，當你創造了一個「正確的夥伴」，而夥伴「願意為你而行動」的同時，你也是他的夥伴。

但，影子呢？松浦彌太郎務實的寫道：「陽光照射之處必有陰影，在哪裡增加了夥伴，自然也會在那出現敵人。」「敵人」是一個特別的夥伴，他同樣是因你的行動而行動的，只是以不同的方式而已。

為什麼我們需要敵人作為「正確的夥伴」呢？松浦彌太郎認為這是偽命題，因為敵人是必然存在的，只要有支持自己的夥伴，自然有「同等數量或更多的敵人」。因此，敵人必然是人生的夥伴，左右我們的生命，而真正的問題是：我們可以如何化敵人為幫助到我們的夥伴呢？

松浦彌太郎說，他「很珍惜敵人的存在。因為討厭或批評自己的人，他們說的話幾乎百分之百正確。所以，我會想坦率地接受他們的意見」。當他回想自己作為《生活手帖》總編輯的日子，經常收到來自各方的批評與敵意，而他的處理方法就是「所有信件都親自回信。絕不會無視他們」，他「不會反駁和辯解，只希望告訴對方『我誠摯地收下了你的意見』」。

然而，如果所謂的「敵人」不是純粹的批評，而是帶有惡意的挑剔，我們又該如何對待他們，甚至將他們化為夥伴呢？

松浦彌太郎沒有正面解答這疑問，但作為松浦彌太郎的忠實讀者，我可以推斷出一個「松浦彌太郎式答案」，那就是：不要質疑對方是否帶有惡意；相反，要著眼於對方批評的內容，因為無論批評內容是否屬實，它都可以成為我們反省自己的實在參考，而反省總是對自己有益。

你可能會質疑：這樣化敵人為夥伴的理念會否太過理想主義呢？但我又想，如果我們能夠實踐這想法，最終的得益者會是誰？誰會因此而有可能進步，而又可能因此而得到更多幸福呢？答案顯然不是敵人，而是我們自己。

如果你想有穩定的意志去化敵人為夥伴，你先要有強大的內心，而養成強大內心的方法，就是創造正確而強大的「內在夥伴」。

「內在夥伴」是什麼呢？「你所擁有或使用的東西、自然出現在生活中的東西、過於理所當然而成為自己一部份的東西——諸如此類的想法、態度、習慣和所有物」都可以是你的「內在夥伴」。換言之，外在夥伴是你不能擁有的，他們的存在是一種連結，但內在夥伴是你擁有的，甚至控制的。

松浦彌太郎邀請我們：「請把你擁有的東西寫下來」。這是一個自我發現的練習，而我的經驗是當紙筆交到手時，我猶豫了很久，我問自己：我真正「擁有」了什麼呢？

我擁有的夥伴完整嗎？它會願意為我這個人而行動嗎？

舉例，健康。我擁有健康嗎？我幸運的尚未有長期病痛，但我的身體真的健康嗎？我早睡早起而自命健康，但熬不了夜的身體是否證明我體魄不夠強壯呢？正如松浦彌太郎寫道，「健康的基準人人不同」，但他提議了一個準則：「健康不是數值，起碼只要有朝氣就是健康了」。

松浦彌太郎的意思是內在夥伴是個人的，只要當我們感到自己有**朝氣**的去面對生活，這一刻的我們就擁有健康，並發揮著健康給我們的助力。我們要好好運用這助力，並努力維持對它的擁有權。有了這個「擁有權」的觀念，我們就會為自己訂下行動方案。以松浦彌太郎為例，為了擁有朝氣，他規定自己「十點就寢，早上五點起床」，而在工作安排上，「刻意讓自己在上午用腦，下午用身體」（如見客人）。

回到你的處境，你擁有什麼內在夥伴呢？你想得出來嗎？松浦彌太郎列出的其他內在夥伴包括儀容、禮節、時間、金錢、生活方式和習慣、經驗與知識、道具、資訊，就此給你參考。

有一種夥伴介乎於陽光與影子、外在與內在之間，那就是我們的父母。

托爾斯泰在《安娜卡列尼娜》寫下了經典的開場白：「幸福的家庭都是相似的，不幸的家庭各有各的不幸」，而我又想，父母健在的家庭固然是一種幸福，但難以相處的老年父母，也是不少家庭的相似不幸，正如托爾斯泰的兒子回憶道：每天早上，父親總是「穿著晨褸，還沒有盥洗著裝，一臉蓬亂的鬍子，由臥房到大廳下方的房間漱洗。如果在中途碰到我們，他會不情願的匆匆招呼我們」。

你的父母也總是露出「不情願」的樣子嗎？他們健在嗎？有**朝氣**嗎？重點是，你與你的父母，相處得怎麼樣呢？

與父母難以相處的關係，總是似曾熟悉。從父母口中，我們都會聽過「你有空做這做那，為什麼就是忙到沒時間接我電話？」或「為什麼你就是不聽我意見，難道我會想害你嗎？」而另一邊廂，從我們心底，又會聽過心聲說「每次只要電話一響，我超怕是我媽」、「我爸年紀越大越固執，看誰都不順眼」。

與父母相處，確實是一門課，而我的這門課從一本書開始，書名是《如果父母老後難相處：如何陪伴他們走過晚年，而不再彼此傷害？》（*Coping With Your Difficult Older Parent: A Guide for Stressed-Out Children*）。此書由兩位作者合寫，分別是葛瑞絲・雷堡（Grace Lebow）、芭芭拉・肯恩（Barbara Kane），兩位作者均有三十多年臨床社工資歷，並共同創立了一個位於美國的全國長者照護網絡。

通過不同案例，作者指出，難以相處的父母，他們的呈現方式都是類似的，不外乎各種埋怨、溝通失靈等等，但其性質卻各有不同，而不同之處就在於父母屬於不同的「類型」。

作者歸納出六種難以相處的父母類型，分別是無法忍受獨處的「依賴型」、言語負面的「潑冷水型」、一時自認高人一等又一時覺得矮人一截的「自戀型」、用「以愛之名」與內疚感來情感勒索的「控制型」、不配合治療與飲食限制的「自毀型」，以及總是杞人憂天擔心個不停的「恐懼型」。

你的父母屬於哪一個類型呢？不同類型，自有不同的解決方法來對症下藥。然而，作者還是提出了一套通用的原則與思考工具，來與各類型老年變本加厲的父母好好相處，更何況：我明明覺得自己的父母，以上六項類型皆是。

無論如何，讓我們試一試雷堡與肯恩提出的一些與越來越難相處的父母相處之方法。

首先，我們要嘗試理解父母的動機而非行為。為什麼父母會越老越難相處呢？這是因為他們性格變差了？還是他們年老的理性再不能壓制原始本能呢？這些都有可能，但更關鍵的是：他們的行為反映了他們的需要。

表面上，我們見到的行為是他們過份依賴子女，但實際上，這是他們不想被孤立的條件反射；我們見到的行為是他們總是強迫我們按照他們的指令去做事，但實際上，這是因為他們自卑地想展現自己剩餘的價值。表面上的行為，的確令人討厭，但他們實際上的動機，卻是可以理解。

有了以上的理解，我們的心態調整會相對容易一點。作者提醒我們：理解父母比解決問題重要。當父母抱怨一些事情，甚至抱怨我們時，他們大多數情況只是想我們理解他們的感受、痛楚，我們只要認真聆聽，便是最好的「解決」。相反，認真討論解決方法，往往帶來更多的抱怨。

其次，幫助父母提高自我價值。作者提到，越來越難相處的父母，往往有自我價值低落的問題，他們可能會各走極端，一方面是走向自暴自棄放棄人生的方向，另一方面會走向橫蠻無理的行為。前者是典型的依賴型父母，後者則是控制型。

因此，我們要想辦法讓父母證明自己的價值。我們可以讓他們參與他們能夠應付的家務，我們也可以主動詢問他們一些無關痛癢的意見，例如最近有什麼電視劇推介呢？

以我個人**經驗**，自從大病而退休後的父親參加了醫院義工團之後，他整個人都快樂起來了。他有了可以聊天的夥伴，他有了新的人生經驗可以分享，他更有了證明自己價值的機會。換句話說，他也找到了他的夥伴。

在公元八〇〇年左右，中美洲出現了古文明「托爾特克」（The Toltec）。「托爾特克」的意思是「技工」，也是科學家與藝術家的前身，而托爾特克人又被稱為「有學問的人」。

托爾特克人並不是一個單一民族或種族，而是由科學家與藝術家共同組成的一個社群。托爾特克人以「納格爾」（Nagual，大師）為首的社會組織，聚集在一個名為「特奧蒂瓦坎」（Teotihuacan）的金字塔古城，一起探討與保存靈性知識，而如此古老的知識與**經驗**，便依靠納格爾一代傳一代的流傳下來。

以上是《打破人生幻鏡的四個約定：你不必被困在這裡，而是活出前所未有的滿足、快樂與自由》（*The Four Agreements: A Practical Guide to Personal Freedom*）一書有關托爾特克文明的說法，而此書的作者唐・米蓋爾・魯伊茲（Don Miguel Ruiz），正是一位當代的納格爾。

魯伊茲成為納格爾的過程是一個帶有魔幻色彩的故事。話說，魯伊茲出生於一個墨西哥鄉村，在帶有托爾特克文化與懂得傳統治療術的大家族長大。長大後，魯伊茲去了學習現代醫學，進入醫學院並成為一名外科醫師。

在一九七〇年，魯伊茲遭遇人生的一次重大事件，他遇上了嚴重車禍。據他所說，車禍令他經歷了一次瀕死經驗，他的靈魂出竅，並親眼看到自己被兩個朋友拉出車外。醒來後，魯伊茲頓悟，明白要重新審視自己的人生與信念。

於是，魯伊茲回到了家族，在曠野中學習，研習托爾特克文明的典籍，便成為了一名納格爾。從此，魯伊茲嘗試普及托爾特克文明，將古老的智慧傳播給現代人，而《打破人生幻鏡的四個約定：你不必被困在這裡，而是活出前所未有的滿足、快樂與自由》便是其中之一本經典。

顧名思義，此書是要教導人們打破幻象，而看清楚人生的真象。原來，托爾特克文明相信，我們所看到的景象，通通都是「霧濛濛的鏡子」，「物質是一面鏡子，我們之所以無法明白自己真正的面目，是因為鏡子與鏡子之間有著一層霧氣」。

換言之，只要我們掃走這些物質世界造成的霧氣，便能看見自己的真象，而有了真象，就會找到快樂。那方法呢？

魯伊茲說，首先要小心跟自己有第一個「約定」，即語言。「語言是讓人類得以彼此了解並互相溝通的一套符號，其中的每個字母和字眼都是一個約定。」

語言成為了約定，在於語言有它的能力。這說法既出現於基督宗教，也記在托爾特克文明。魯伊茲寫道，「語言不只是聲音或書寫符號，它是一種力量」，「語言一旦贏得了我們的注意力，就能進入我們的心中，改變我們的信念，這樣的轉變有可能是好的，但也可能是壞的」，而絕大部份情況都是壞的。

世界充滿了邪惡的語言，也造成劣質的信念。虛假的信念令人盲目，人盲目，就看不見真理，人看不見真理，自然活在迷霧。魯伊茲說：「儲存在我們心智中的信念，有百分之九十五都是謊言；我們之所以受苦，正是因為相信這些謊言。」

我不肯定當中的比重是否真的是百分之九十五，但可以肯定，謊言的確成為了不少人的信念，信手拈來，「執輸行頭，慘過敗家」、「人不為己天誅地滅」、「寧教我負天下人，休教天下人負我」等等。

你真的認為這些歪理正確嗎？當人們不斷重複這些說法，亦正在立下一個又一個的壞約定。壞約定來自謊言與八卦，越多人說，越多人信以為真，並構成充滿恐懼的世界。

「人類最大的恐懼就是不敢做自己」，「為了得到獎賞，我們便不斷做著別人希望我們做的事。由於害怕受到懲罰，我們便開始戴上假面具」。

如何可以打破這個製造壞約定的怪圈？那就是從自己出發，「說純正美好的話」，即「不要用話語來傷害打擊自己」。你不用語言傷害自己，也就慢慢學會不以此傷害你的夥伴。

我們要記得「語言是人類特有的神奇力量，但當你濫用語言時，他就變成了巫師所使用的邪術」。第一個約定是防止自己以語言傷害到自己或他人，第二個約定則保護自己免受他人的傷害，而其具體內容是「不要認為別人的言行與你有關」。

魯伊茲不是要我們變得自我中心，甚至自私。相反，他要我們認清一個現實，世界不是圍著任何一個人而轉的，我們不要以為所有的事情都跟自己有關。魯伊茲寫道：「別人所做的事情沒有一件事因你而起，他們之所以會那麼做，純粹是因著他們自身的緣故。要知道，所有人都活在自己的夢境裡。」

各人有各人的夢，自有各人與夢互動的方法。假如他人在發惡夢，而你認同他在說的夢話，他人的惡夢就有了你的份兒，「你之所以認為對方所說的話和你有關，是因為你認同它。一旦你認同了，那毒素就滲入你心裡，然後我們便會被困在那地獄般的夢境中」。

我們可以關心別人的苦難，卻不要總是將自己想成別人苦難的理由。魯伊茲說，有些人總是將苦難放到自己身上，自怨自艾，然後創作各類腦內小劇場，這是一種病態的自大，而「人類已經對痛苦成癮了」。

因此，請認清自己的夢，認清真正屬於你的困難。當你不再認為別人的言行與你有關時，就可以避免生命中許多的不快、羨慕、嫉妒與悲傷。「縱使有人刻意把情緒毒素倒在你身上，如果你認為那不干你的事，它就與你無關。」這不叫自私，這是一種合情合理的自我保護。

魯伊茲認為，世界之所以成為地獄，在於錯用語言。人們惡意地使用充滿能量的語言便會導致紛爭，因此我們才要跟自己約定「說純正美好的語言」，但後退一步的想：為什麼人們會懷有惡意地使用語言呢？

這是因為人們總想證明自己的對，同時指出對方的錯。

「人與人之間之所以彼此爭論不休，之所以會生活在地獄般的夢境中，就是因為我們經常妄作假設並認定事情與我們有關。」魯伊茲寫道。爭論不休源於錯誤的假設，我們假設別人的「對」必定代表自己的「錯」，我們又會假設別人剛才說的一席話正是來針對自己的，我們甚至會假設別人都與我為敵。

我們假設了林林總總的假設，卻從不會假設「假設」本身是錯的。我們都忘記了「假設」之所以謂假設，是因為它既可能是真，又可能是假，但我們卻往往在做出假設之後，便視假設為爭論之磐石。

為什麼人們如此執迷於自己的假設呢？「我們之所以會做出各種假設，是因為我們沒有勇氣提問。」我們沒有勇氣問對方「你是否憎恨我？」於是我們假設對方憎恨自己。我們沒有勇氣問對方「我是否可以得到你的原諒？」於是我們假設對方永遠都會執著自己的錯。

我們沒有勇氣提問，也意味著我們沒有辦法與人有效的溝通。當我們沒法跟人溝通，爭論不休是必然的果實。當你想擺脫與人喋喋不休的地獄，先多講「純正美好的語言」，並且「不要妄作假設」，假設對方不會聽懂你說的道理。這便是與夥伴成功溝通的第一步。

到了第四個約定，魯伊茲教導我們要「凡事盡力而為」。

「凡事盡力而為」像一句失效了的鼓勵語。別人會跟我們這樣說，我們也會跟別人如此說，聽得太多，說得太多，也就沒有人認真思考這句說話，也令這句話失去了魔力。然而，失去魔力的只是此話的形式，卻不是它的內容，魯伊茲希望我們打開這層過時的外殼，發現藏於這句說話核心的果實。

我們必須要盡力而為，因為作為一個人，我們可以「盡力」的範圍本身就已經有所限制，我們受限於生死、命運、時間，也很大程度上受限於性別、階級，以及不同社會身份。如果我們可以盡力時還不盡力，這「就是在剝奪做自己的權利」。

「一個人唯有實際採取行動」，魯伊茲寫道：「才能活出百分之百的人生」，「會讓你感到極度快樂的是行動本身。你之所以採取行動，不是為了得到獎賞，而是因為你樂在其中，唯有這樣，才會拿出最好的表現」。

我們要以「盡力」的行動，帶動我們活在當下，發揮自己，從而享受，「如果樂於工作，凡事盡力而為，我們就是真正在享受生活。我們會從工作中得到樂趣，不會感到無聊厭煩，也不會有無奈與挫折」。凡事盡力而為，不但令我們得到正面成果，還會減少我們的負面情緒，一來一回，就是一種倍增的力量。

不過，魯伊茲還是提醒我們說：「無論最好的表現如何，凡事都要盡力而為，不能增一分，也不能減一分。」凡事盡力而為，也要適可而止。

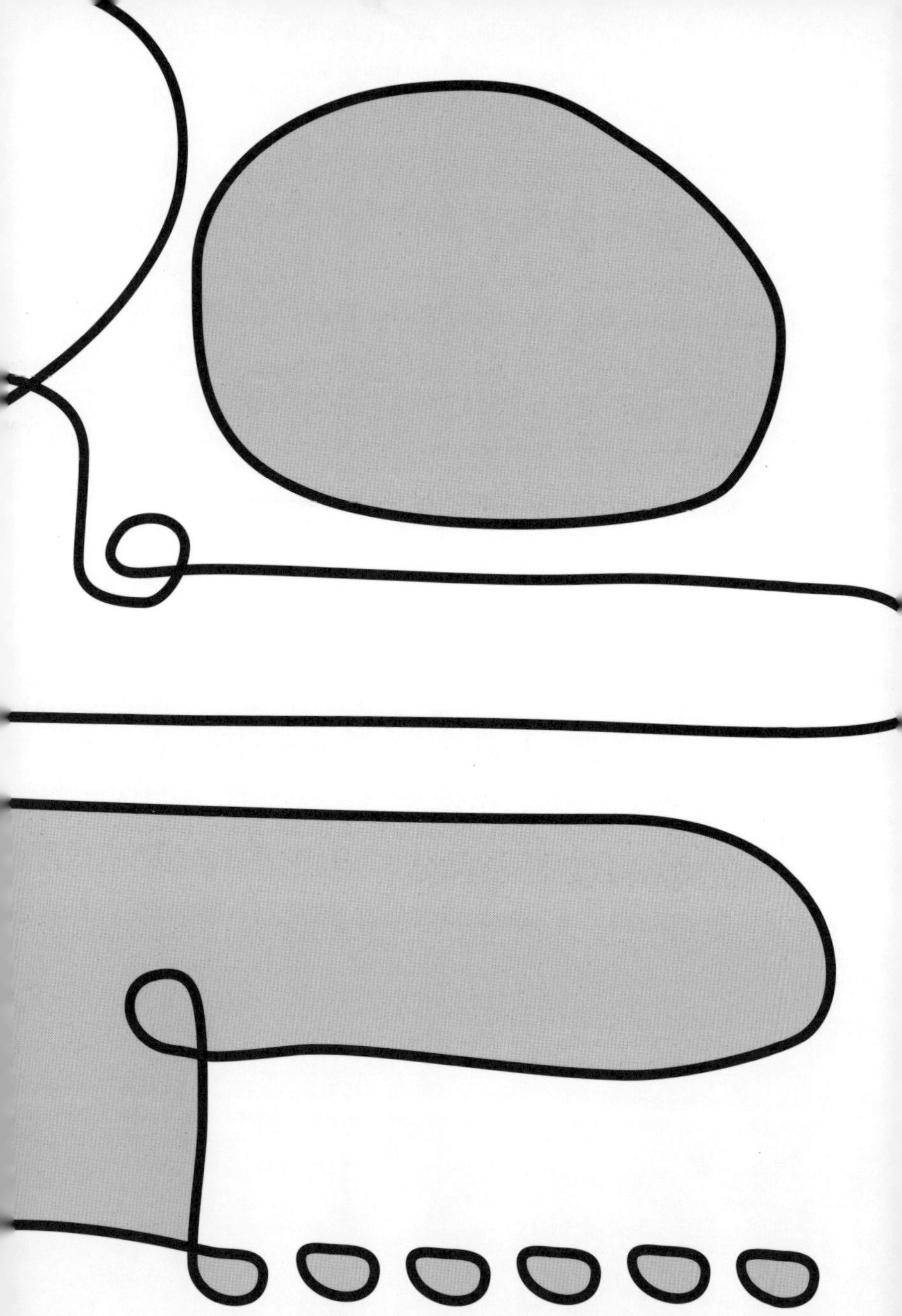

溝通：在對方沉默時靜靜等候

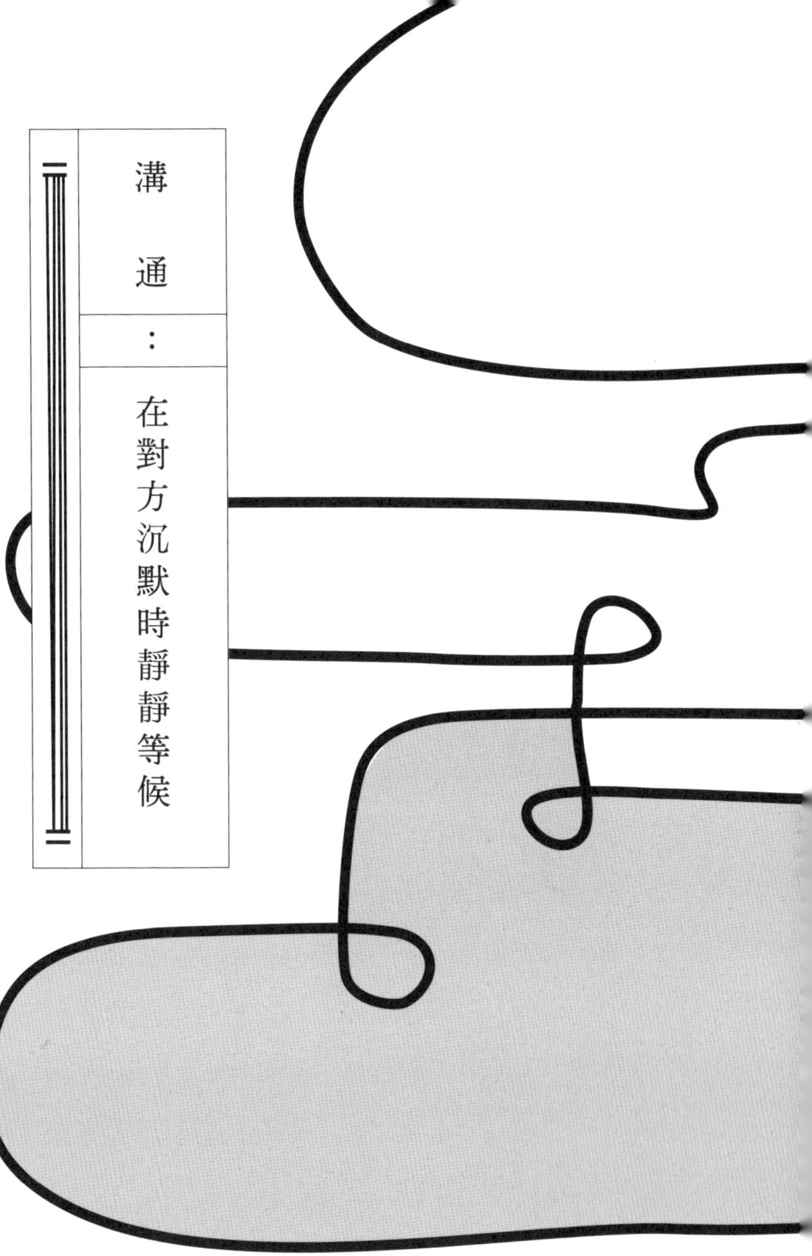

人性的弱點 - 專注目的 - 爭論 - 談判協商術 - 千萬不要各退一步 - 測試型問題 - 黑天鵝 - 7-33-55 法則 - 聊天 - 甘迺迪與尼克遜 - 鸚鵡學舌 - 這是什麼來的 - 吸引 - 言品 - 說話 - 精準提問 - 系統一．系統二理論 - 人際 - 魅力學 - 好奇與專注

在生活學書單上，有一本經典之中的經典，也是一本我認為是史上書名中譯得最離譜的一本書，即戴爾・卡內基（Dale Carnegie）於一九三六年出版的 *How to Win Friends and Influence People*，中譯名為《人性的弱點》。

此書之中譯名一直令我耿耿於懷，其英文原名明明白白是「如何贏取友誼與影響他人」，相對中性與技術取向，譯成中文卻得到了一個令人容易誤解的書名《人性的弱點》（加上中文版的全黑色骷髏頭封面之視覺效果），彷彿讀畢此書就能了解，甚至操控他人的弱點一般。

其實，卡內基的立論相當正面：想要學會與人建立關係，就要發自內心地對他人感興趣，而想要保持一段良好關係，就要明白人是感情的動物。

先談前者。為什麼我們要真心的對他人感興趣呢？卡內基以一個問題打開這課：「當你看到一張有你在內的團體相片時，你先看的是誰？」

有了這個答案，我們都明白多了一點人性：人始終是對自己最有興趣。因此，當你發現某人對你沒有什麼興趣時，請不要誤會，他或她不是對你沒有興趣，而是他們「對任何人也不會發生興趣，他們早晨、中午、晚上所關心的只是他們自己」。

我們還有辦法讓他人對自己產生興趣嗎？卡內基說，可以，只要你讓他知道、感受及相信你對他真心有興趣。

不少人都捉錯用神，以為不斷問對方問題，問對方在哪一區住、什麼時候生日、最喜歡的電影是什麼云云，就是向對方表示好感。錯了！這不是交往，這是面試。真正的交往，講求聆聽對方；同時，分享自己。這裡沒有多少魔術一般的技巧，到頭來都是基本的人性原則：讓彼此感受到真誠。

所以，這算是人性的弱點嗎？在我看來，這是人性的純真，而我們不可以視純真為弱點。我只能說，改《人性的弱點》為中文書名的人，的確熟讀了書中要訣，並抓到了買書人的人性弱點。

卡內基提醒我們要真誠地，而不是公式地認識朋友，他揚言：「如果你對他人始終保持興趣的話，兩個月以內交到的朋友數量，將會比你兩年嘗試去吸引別人來關心自己的還多得更多。」這數字的準確度，暫且不談，而我會問：有了新朋友，又如何維持良好的友情呢？

卡內基寫道：「想要保持一段良好關係，就要明白人是感情的動物。」人類的理性文明，訓練了我們事事辯論的傾向，彷彿真的是吃下伊甸園的判辨是非樹之原罪一般。卡內基提醒，人與人的關係維繫於情感，而不是對錯。

首先，我們要明白情感是一種感覺，而一個人的感覺往往來自於第一印象。因此，我們要時刻「對人保持微笑」。微笑，是最基本的面部符號，等同告訴大家「我很喜歡你，看見你我很高興」，這是你的歡迎詞。

其次，我們要「記住他人的名字」。我認識一位相當成功的企業家，他的語言能力平平，邏輯也是勉強合格，但這些缺點都可以靠優質的下屬補救，而他自己的驚人技能是：他對人過目不忘，總能說出對方的名字，而且記得第一次認識的情況，哪怕那一個人是三十年前在暑期工認識的。

試想一想，當你三十年前跟某人有過一面之緣，而三十年後，他竟然記得你的名字，甚至說出了當年相遇時的細節，你會有什麼感覺呢？你會覺得，「他有認真的記住了我，他有視我為朋友」。卡內基說，「一個人的名字，是世界上最好聽並最重要的語言」，當你能說出對方的名字，同時「讓人覺得他很重要」。

最後，「專注目的，而非輸贏」。在此，我們要問自己的不是維持一段友情的目的，而是人與人相處的目的。我們與人相處是為了友情，友情本身就是目的。於是，請避免與朋友爭論，**爭論**未必有助事情的推進，卻往往損害親切的友情。

爭論會損害親切的友情，那麼換成談判，情況是否會好一點呢？談判是人類的日常。我們跟客戶談判方案的預算、跟上司談判下一份合約的條款、跟家庭成員談判家務的分工，跟伴侶談判約會的活動……

面對種種談判的場合，大多數人的第一選項是放棄，對方說了算；又有部份人會據（自己的）理力爭，最後往往釀成爭吵；然後又會有高手出來跟你說，「你要學會雙贏，才能勝出談判」，但你又真的有成功達到雙贏的談判嗎？克里斯．佛斯（Chris Voss）告訴你：雙贏，不是談判的正確心態。

誰是克里斯．佛斯？佛斯曾經是美國聯邦調查局（FBI）的首席國際綁架談判專家，並在多間著名大學教授談判技巧，著有經典作《FBI談判協商術：首席談判專家教你在日常生活裡如何活用他的絕招》。這是中文譯名，而原著的英文書名卻是佛斯談判術的重點，即「千萬不要各退一步」（*Never Split the Difference: Negotiating as if your life depended on it*）。在書中，佛斯解開了一個談判的迷思：什麼才算是談判之中的雙贏呢？

「你手上一共有四個人質，我們各退一步，你給我兩個人質，一人一半，然後這件事我們就這樣算了？」雙贏，從來不是佛斯的談判前設，因為他面對的對象，不是一般的客戶、上司、家人、伴侶，而是海地的黑幫、紐約布魯克林區的銀行劫匪、恐怖分子、反抗軍首領。在此，「你不是主動出擊，就是等著被宰」。

佛斯談判術的可貴，在於它「先實踐後理論」的形成，這些「技巧來自『從做中學』。發生危機事件時，負責談判的探員得出心得，接著藉由分享故事，告訴同仁哪些做法有效、哪些無效。我們不斷精進自己每天使用的工具，不斷摸索改進，沒有理論。此外，我們的工具有迫切性，一定得管用，萬一沒用，有人會喪命。」

當你取消了雙贏的心態，準備好拚死談判的心理準備，你就可以開始實踐佛斯談判術的具體技巧，而第一個談判工具竟然是「不斷問問題」？

在書中，佛斯記錄了他與哈佛商學院教授的一次模擬談判。這場談判設定教授綁架了佛斯的兒子並展開贖金談判：

「佛斯先生，所以我殺了你兒子也沒關係？」教授說。

「抱歉，羅伯特。」佛斯說。「我怎麼知道我兒子還活著，搞不好他已經死了？」

如是者，佛斯不斷以問題回應對方的問題。哪怕對方提出確切的要求，佛斯還是以問題作為回應，而這是他認為最有效的談判工具：提出開放性問題。

佛斯寫道，這是他與團隊多年研發的戰術，「將之命名為『測試型問題』（Calibrated Question），也就是對方可以回應、但沒有固定答案的問題。這一類的問題可以爭取時間，讓對手誤以為主控權在自己手上（畢竟答案與權力都在他們那裡），他們渾然不覺自己的思考已經被問題限制住」。

「測試型問題」的好處不但在於爭取時間去部署後續計劃，而更重要的是打亂對方的部署。在一般的談判前設，雙方都有牢不可破的立場，貌似沒有妥協與迴轉的餘地（否則就不用展開談判了），但透過「測試型問題」，談判的對話就不會按照黑白分明的是非題辯證，從而打開可以談判的灰色地帶。

這又提醒了我們一件事：談判之可以展開，必定存在雙方各自想在談判得到的好處，否則雙方便沒有必要介入一次談判了。因此，表面上多麼困難的談判，也必然有可以談判的空間。

在這空間裡，談判者的成就在於能夠爭取到多少的好處，而以佛斯與教授的模擬談判為例，佛斯要贏的不是那一場談判，而是要營救到兒子。記得，不要為談判而談判，不要忘記每一場談判的真正目的。

談判的目的不是為了令雙方各退一步，而是要得到談判的己方好處。這是談判術的前提，但具體執行又有何關鍵呢？

佛斯教導我們在每一次談判都要嘗試找到「黑天鵝」。什麼是黑天鵝？話說，人類一直以為天鵝全是白色的，直至遇上了第一隻黑天鵝。換言之，黑天鵝代表可以令你改變一切過往刻板印象的東西，而找出黑天鵝就是談判協商的關鍵，它是打破僵局的缺口。

佛斯認為，我們千萬不要誤會同理心是普世的，不同的人會有不同的同理心。若然綁匪會因為你說被綁的女孩很可憐而有同理心的話，綁匪從一開始就不會綁架那女孩了。

在此，佛斯提倡的是「策略性的同理心」，而策略在於我們要知道對方的背景，明白他經歷了什麼、在想什麼，而最重要的是知道對方的價值觀是什麼。舉例，綁匪的意志未必因為被綁者的可憐而動搖，但基於文化或宗教信仰，他可能會因為被綁者父親的說話而動容。

人之所以要談判，源於溝通不良，而天下間的溝通不良，都在於沒有理解對方。總之，不要假設自己文化或價值觀是普世的！當你有「策略性的同理心」，明白對方的文化邏輯，你才有可能找到那一隻黑天鵝。

此外，佛斯還提出了「7-33-55」法則，指出人們接受對方說話的程度，只有百分之七依據對方講的內容，百分之三十三是根據對方講這個內容時的語氣，而百分之五十五視乎對方的肢體語言。簡言之，你怎麼說比你說什麼更重要。

因此，當你有了「策略性的同理心」，明白了對方的身份認同與價值觀後，你應該嘗試學習對方文化的舉止說話，並以輕鬆的語調談判（越嚴肅與不合理的要求，越要以輕鬆語調說出來）。

最後，佛斯再三提醒我們，在任何談判、協商、**聊天**的過程中，失去脾氣的人就是輸掉的那一方。你今天發脾氣了沒有？

我工作的其中一個重要環節，就是跟人**聊天**。無論是面對一班人的公開演說，還是社交場合的朋友傾談，兩者都不是我的強項，尤其後者。

為了避免一次又一次在社交場合啞口無言，我拜讀了一本書，題為《跟任何人都可以聊得來：巧妙破冰，打進團體核心，想認識誰就認識誰》（*How to Talk to Anyone: 92 Little Tricks for Big Success in Relationships*），作者是研習人際溝通技巧的權威萊拉·朗德絲（Leil Lowndes）。

《跟任何人都可以聊得來：巧妙破冰，打進團體核心，想認識誰就認識誰》是一個系列作，朗德絲寫了多本跟特定族群「可以聊得來」的書，包括心儀對象、跟你自己很類似的人、在職場遇到的夥伴等等，而我讀的是基本篇，裡面已經有九十二個小技巧，受益良多。

第一個重要課題是眼神。我們大概都知道，眼神接觸是建立人際信任的關鍵，所以在西方禮儀裡，祝酒碰杯時必須要有眼神接觸。然而，眼神不單要接觸，還要講究怎麼去做到有效的交流。

首先，不要只在對方說話時才望著對方，而要讓眼神接觸持續下去。就算對方說完了他的話，我們也不應該移走眼神的注視。否則，這會造成閃閃縮縮，或覺得對方話題沒趣的印象。再者，在對方說畢後，你理應回應，繼續互動。因此，在整個聊天過程裡，眼神接觸是持續的。

不過，我們知道要眼神接觸，但也要掌握鬆緊。例如在對方說到私人事情時，我們便要放鬆一點眼神，將眼神放到對方鼻子或眉，以避免對方會錯意，覺得你有威脅的姿態，或對他有傾慕的意思。

眼神以外，便是笑容。我們都以為「見到對方，報以微笑」就是禮貌正確之道。然而，朗德絲提醒我們，微笑也要看準時機。當我們一旦在眼神上接觸了對方，便瞬間報以微笑的話，這動作很容易產生虛偽的誤導印象，貌似機械式的操練（這也可能是事實）。

因此，我們應該學會真誠的微笑。當我們見到對方時，先看清對方是誰（這樣已經會產生微妙的時間差），然後才報以微笑。然而，除了要記得真誠的微笑，我們也要小心一些溝通的禁忌。

在港產片《賭神》裡，賭神有一個教觀眾難忘的小動作：每次賭牌時，賭神總會摸一下他小指上的一枚玉戒指。此玉戒指成為了結局的關鍵是後話，但原來，小動作是人際溝通的小禁忌。

一個專業的溝通者會盡力抑壓多餘的小動作。在談話過程中，他們不會因為天氣熱，而中途解開衣領紐子；他們不會去抓搔癢的前臂；他們甚至不會讓手觸碰自己的臉。因為一切多餘的小動作，在對方眼中都有機會造成誤導，誤以為說話者緊張、焦慮，甚至說謊。

朗德絲引用了甘迺迪與尼克遜於一九六〇年的美國總統選舉辯論。調查發現，聆聽電台的民眾較多認為尼克遜佔上風，而收看電視辯論的民眾卻較多認為甘迺迪贏了辯論。這說明了尼克遜如何因為多餘的小動作，而損害了自己的可信度，也解釋了在人際溝通中，說話者的動作與姿態，往往比說話本身重要。

我們不應該做多餘動作而令對方誤以為我們緊張，但如果我們真的緊張了，又可以怎樣做呢？朗德絲說，我們可以嘗試「鸚鵡學舌」（Parroting）。

溝通是雙方的互動，一來一往的溝通才能築建信任。當對方說話以後，你便需要回應，而「回應」本身比「回應的內容」更為重要。因此，當你緊張或不懂回應時，不妨嘗試鸚鵡學舌，以提問的方式重複對方說話的關鍵詞，如下：

「我最近去了一間很好的餐廳。」對方說。

「很好的餐廳？」你答。

「是啊，他們的海鮮是一流的。」

「一流的海鮮？」

「大蜆、生蠔、龍蝦，都是直接空運……」

這貌似愚蠢的方法，在實際應用上卻是非常有效，尤其對方是樂於分享的人士。當然，鸚鵡學舌是權宜之計，宜適可而止，當你站穩陣腳後，理應繼續有貢獻的參與話題。

現在，我們明白了如何以微笑、眼神，以至鸚鵡學舌跟陌生人好好聊天，但問題是：

如果對方說了一句自我介紹便走開了，甚至根本沒有人前來跟我搭訕，那怎麼辦呢？

我們先要弄明白一點：為什麼對方說了一句後便完結話題呢？這好可能是因為我們做錯了什麼，令對方失去了繼續聊天的興趣。舉例，朗德絲提醒我們：不要以投訴或負面情緒來開始聊天。以下是我（或你）常常犯的錯：

「最近好嗎？」對方問。

「最近，忙吧！有些工作同時展開中。」我答。

「那一定很大壓力了。」

「是的。」我說。「壓力是有點……」

就這樣，話題從「忙」發展到「壓力」甚至「抱怨」，而在一個社交場合，這決不會成為一個有趣的聊天題目。另外，朗德絲教導我們：不要問對方做什麼工作，這是因為不是每一個人都以自己的職業為傲。

取而代之，我們可以問：你平常花最多時間在什麼事情上呢？喜歡自己工作的人，自然會告訴你他的職業，而有嗜好的人，則會跟你介紹自己的興趣。那麼，可發展的話題就此打開。

然而，如果你的困難不在於跟人打開話匣子，而是根本沒有人前來搭訕，那怎麼辦？方法有幾個：一，你可以請主人家來介紹；二，你可以在場找相識的朋友聊天，慢慢等待陌生人加入；三，也是我覺得最有趣的建議，即佩戴一件「這是什麼來的」（Whatzit）的東西。

我有一位朋友，他有一隻沒有錶面的鋼錶。換言之，那是一件只有錶帶與錶框而錶面空心的首飾。這就是他的「這是什麼來的」。我曾經跟他出席了不少場合，親眼目睹這件「沒有錶面的鋼錶」如何自然地**吸引**人們跟他聊天，並以此物打開話題。

當然，又請記得：標奇立異是有風險的。

在書店裡，一本書的封面文字**吸引**了我。上面寫著，法國有一間咖啡店的餐牌是這樣的：

「咖啡。」七歐元

「我要咖啡。」四點二五歐元

「您好，請給我一杯咖啡。」一點四歐元

顧客說的話，決定了咖啡的價格，也說明了什麼是「好好說話」。這本講述如何好好說話、好好溝通的書，書名是《說話的品格：把真心放入話中的24個練習》，作者是南韓作家李起周，他曾任總統演講文撰稿人，現為出版社社長與作家。

李起周認為，好好說話的重要，不只在於說話的效果本身，更在於：言品，即人品。品，是水準，是級別。可以好好說話的人，其人品也是好的。理由是可以好好說話本身，就是靠發自內心的修養，而非只是技巧。

首先，我們想善言，必要懂得善聽。溝通是雙方面的，當你只懂得自說自話的表達自己，而沒有聆聽對方的說話，那是演說，而不是溝通。

你有沒有試過在社交場合裡，遇見一些像廣播員一樣的人，不斷說自己作了什麼大事、見過什麼厲害的人，或遇過什麼大場面而喋喋不休嗎？你又有沒有聽見過一些節目，主持人會不停打斷拍檔的說話呢？這些人都是自說自話者，而自說自話的根本原因，是他們不尊重別人的意見。

作者認為，當一個人自視見識比別人高，覺得自己的意見比別人重要時，他便會自說自話，而不懂得聆聽別人、不懂得尊重對方的發言權。因此，好好說話的第一個要點，不是什麼談話的技巧，而是培養一份尊重他人的品格。書名謂「說話的品格」，正是這個道理。

從尊重他人出發，我們便會學懂敏感他人的感受，從而做到跟對方產生「共感」，並自然作出適當的回應，好好溝通。共感，不是同情，而是同理。我們不是因為對方的痛而可憐他，而是跟他一起感受到痛。

話說回來，那一間法國咖啡店的定價方式，除了是一種說話的準則，更是一種教育。好好**說話**，實在會有意想不到的好回報。

我有不少參與講座的經驗，最享受的角色是觀眾，其次是主持，最後才是講者。為什麼？因為我好奇，我好奇別人的事多於自己的事，我喜歡知道更多別人的經驗多於自說自話。提問比**說話**多，慢慢成為了我的主持風格。

關於提問，其中一本對我影響至深的書是美國作者法蘭克．賽斯諾（Frank Sesno）的著作《精準提問的力量：成功的人，用「提問」解決問題！》（*Ask More: The Power of Questions to Open Doors, Uncover Solutions, and Spark Change*）。在書中，賽斯諾以他作為記者的真實對話來解說提問的技巧。

賽斯諾列出了十一種提問的類別，舉例：找出問題核心的「診斷型提問」、看見大局的「策略型提問」、著重情感分享的「同理型提問」、破冰的「搭橋型提問」、向對方究責且揭發真相的「衝突型提問」、使對話有滋味的「有趣型提問」等等。

其中，有助於找出共同使命的「任務型提問」一章令我獲益良多，也是我與人合作，或在講座時的提問原則。「任務型提問」的重點是把難題轉換成共同目標，而在提問前，我們必須做好以下的功課。

第一，了解自己的任務。我們要深刻知道自己與對方的「關注，找出經驗的交集。你關注什麼議題？你想做出哪些妥協？堅持哪些想法？」

第二，擁抱相同價值。了解大家的目標是否相同？彼此的大原則是什麼？目的地是哪裡？

第三，找到自身角色。想清楚「成員各自的角色。其他人要怎麼解決這問題？他們的專業、熱情與能力在哪裡？」

第四，設定遠大目標。「我們能有多大膽？我們能怎麼改變世界？」

以上的四個重點是事前功課。當我們真的進行「任務型提問」時，這些重點往往簡化成直截了當的問題：你最擔憂什麼、問題出在哪裡、後果是什麼、我們能做什麼？

又說，在這十一種提問類別之中，「同理型提問」是最難拿捏的，原因在於此類提問不單要求提問的技巧，而且要懂得觀人於微，更重要的是要培養到一顆真誠關心他人的同理心。

技巧，可以學習、可以訓練，但同理心，卻是從心而發的一種珍寶，偽裝不了，模仿不來。

舉例，作者曾經就一個福利改革法案訪問四個年輕媽媽。四個媽媽，來自不同族裔，全是單親媽媽。作者以課本式的開放問題開場，問道：「新法案會有什麼不同？你們想做哪種工作？要怎樣靠工作達到收支平衡？」

然而，當對談持續進行，內容提及受訪者努力工作之後，還是得不到基本生活保障，以至付不起小孩的托育費時，作者的同理心驅使他問道：「你每天起床時看見了什麼？你有什麼感覺、恐懼與想法？你對孩子有什麼期望？」

這些後續的問題，彷彿不再與福利法案有關，卻真真正正關顧到受訪者作為一個活生生的人之處境與感受。這一份來自於關心而來的提問，出自於提問人，卻觸動到受訪者，並讓他們報以真誠的回答。

作者從經驗出發，整理出「同理型提問」的要點：一，設身處地，真心關切對方在想什麼、面對什麼；二，給予空間，從比較大的問題開始，讓對方侃侃而談；三，弦外之音，留意對方的語調、情緒、肢體動作、臉部表情，了解這些細節如何反映他們的內心；四，適當距離，在展現同理與好奇的同時，仍要保持客觀的距離，切勿妄下判斷。

在此，我尤其同意他的一項提醒：提問者應該「好好傾聽，不下斷語，在對方沉默時靜靜等候」。我認為，這是判斷一個提問人是否真的有同理心之指標。

無論以上哪一種提問，打開話匣子總是從閑話家常開始。我們都知道這是為了讓受訪者說熟悉的話題，讓他們更易開口說話，但我更想問的是：為什麼閑話家常可以打開話匣子？當中的邏輯和機制是什麼？

賽斯諾引用了諾貝爾獎得主丹尼爾・康納曼（Daniel Kahneman）的「系統一・系統二」理論來解釋了「從閑話家常開始」提問的好處。

康納曼認為，人的腦袋有兩個系統：系統一，像大腦的自動導航，負責處理簡單的決定和答案，「如果你處在熟悉的環境，面對熟悉的問題，『系統一』會發揮作用」；系統二，是對「陌生、複雜、困難或危險事物的反應」，它使大腦高速運轉，消耗更多氧氣，並進入專注與戒備狀態。

因此，從閑話家常開始提問的目的，不是要讓受訪者談他熟悉的事物，而是讓他透過答覆簡單的答案，而進入沒有戒備心的「系統一」狀態。這也是賽斯諾提到所謂「搭橋式提問」的基礎。

搭橋式提問旨在「令不想說話的人開口說話」，這些人有「一堆理由閉口沉默。他們也許想閃避，也許覺得羞恥，也許基於你的身份或過往而對你有所懷疑，也許對世界保持敵意或怨憤，也許天生喜歡把事情藏在心裡，也許就是沒來由的不想說」。

當受訪者有千萬個理由不想說，而你作為訪問者又想問出個究竟，那便要用到搭橋式提問，其基本原則有四：一，目標清楚，不要轉了一個大圈後，忘了自己想知的焦點；二，避免刺激，別一開始便指控或質疑對方，這只會激起對方的防衛機制，迫使他進入「系統二」；三，以提問取代質問，從對方的不滿開始問起，如「你覺得怎麼了？哪裡不公平？」

最後，也是第四個重點：認同與肯定，「你不是要把對方推下懸崖，而是帶對方遠遠的走過橋樑」，讓他願意說話起來，慢慢說到你想問的重點來。

總的來說，精準的提問能夠引來精準的回覆，這是賽斯諾的教導，也是我的經驗。無論是哪一種類型的提問，我們需要時刻提醒自己：聊天，不是辯論，當你克服了想糾正對方的心態，才是聊天的正式開始，也是建立良好人際關係的不二法門。

在人際關係中，魅力有時比內涵更重要。又可以說，魅力也是內涵的一部份，更可以說，魅力是內涵的延伸。若你聽不明白我說什麼，我建議你細讀奧麗薇亞·卡本尼（Olivia Cabane）的《魅力學：無往不利的自我經營術》（*The Charisma Myth: How Anyone Can Master the Art and Science of Personal Magnetism*）一書，學習糾正關於「留下好印象」的誤解，增強自己的人緣。

奧麗薇亞．卡本尼曾在美國各大名校，包括哈佛、耶魯、麻省理工等教授如何提升說服力與影響力的課程，而她當中一個重要主張是：肢體語言比你所講的內容更加重要。換言之，增加魅力的第一步是改變你的肢體語言。

第一，不要背對一個開放空間而坐。卡本尼提醒我們在二人約會時，記得要選擇靠牆的位置而坐，因為開放的空間會造成不同的干擾，也會讓對方難以專心，甚至有機會產生不舒服的感覺。更重要的是，人們容易把情緒與眼前人產生聯想，當對方因為某物而產生不悅時，他會將此情緒直接聯想到你。

第二，聆聽時，不要點頭。我們都有一個誤解，以為當對方在說話時，我們表示專心聆聽的方法是不斷點頭或一直回覆「嗯」。事實上，這是無助於散發魅力，甚至會令對方感到你的造作虛偽、過度奉承。卡本尼說，專心聆聽的表現是靠雙眼的：當你注視對方雙眼並安靜傾聽，對方就會「看到」你的專注。

第三，不要第一時間接話。關於溝通的另一個誤解，是我們以為盡快接到對方的話兒就是主動聆聽的表現。然而，卡本尼反問說：當別人一說完，你就接話，這代表什麼？這不代表你細心聆聽。相反，這是代表你在別人說話時沒有在聽，而是正在思考要怎樣接話。

如果你想散發作為「聆聽者」的魅力，請記得安靜等待別人把話說完，心平氣和，用表情表示你正在吸收，兩秒後才回覆。也請記得，「聆聽者」絕對是一個充滿魅力的角色。

在此，我必須要問的是：當我們自卑時，如何能夠散發魅力呢？在談論卡本尼的解說之前，讓我先說出答案。答案是：不可能。

當我們自卑時，我們是沒有辦法展現魅力的。因此，我們首先要處理自卑感問題，而處理的第一步是心理調整。當我們面對一位意志消沉的朋友，我們有時會鼓勵他說

「你不要灰心」，但同時，我們都知道這句鼓勵語是沒有用的，它甚至會令灰心的人更加鑽進灰心的洞。

卡本尼引用「白熊概念」解釋說：當我禁止你在五分鐘內想到「白熊」這個單字，結果會怎樣呢？結果是你整個腦子都只想到「白熊」。同理，當我們鼓勵別人或自己「不要灰心」時，我們只會想到「灰心」，「大腦是這樣的，你越是禁止某個想法，越會放大這個想法」。

那麼，我們應該怎樣作出鼓勵呢？技巧是將「負面」轉換成「正面」。例如我們不要鼓勵朋友「不要猶豫」而應該告訴他「你隨時都可以」，我們不要跟他說「不要擔心」，我們應該說「事情會處理好的」。

同一件事情，有負面的理解，也可以有正面的詮釋。將負面的事，自我轉述為正面的故事，就是我們處理不適感、不自在、不安的核心技巧。從此，我們的心理調整了，肢體自動會相應調整，當肢體調整了，就會進一步增強心理，形成卡本尼所謂的「魅力循環」。

當我們自卑時，應該怎樣做呢？不要幼稚地鼓勵自己說「不要自卑」，而應該接受自我，明白自卑感是源於自己認為對方重要、成功、有地位。既然對方是如此厲害的人，這當然是好機會讓自己「投以足夠的好奇與專注」去認識這一個人吧！

不可不知，「好奇與專注」正是魅力學的終極技巧，乃是一種不花巧而發自內心的魅力。

參考書目

1. 梅森・柯瑞（Mason Currey）著，莊安祺譯，《創作者的日常生活》（*Daily Rituals: How Great Minds Make Time, Find Inspiration, and Get to Work*），聯經，二〇一四。
2. 梅森・柯瑞（Mason Currey）著，莊安祺譯，《她們的創作日常》（*Daily Rituals: Women at Work*），聯經，二〇二〇。
3. 邁克・金（Mike Kim）著，吳萌珈譯，《自品牌：8步驟開創自我實現的事業藍圖》（*You Are The Brand: The 8-Step Blueprint to Showcase Your Unique Expertise and Build a Highly Profitable, Personally Fulfilling Business*），大師輕鬆讀，二〇二一。
4. 詹姆・柯林斯（Jim Collins）與傑瑞・薄樂斯（Jerry I. Porras）著，齊若蘭譯，《基業長青：高瞻遠矚企業的永續之道》（*Built to Last: Successful Habits of Visionary Companies*），遠流，二〇二〇。
5. 埃克特・賈西亞（Héctor García）與法蘭塞斯克・米拉萊斯（Francesc Miralles）著，歐陽石曉譯，《富足樂齡：IKIGAI，日本生活美學的長壽祕訣》（*IKIGAI: The Japanese Secret to a Long and Happy Life*），文經社，二〇二〇。
6. Robin Sharma, *The Sam Club: Own Your Morning. Elevate Your Life.* HarperCollins Publishers, 2018.
7. 《鋼鐵意志》，英文原名是 *Make Your Bed: Little Things That Can Change Your Life... And Maybe the World*，是威廉・麥克雷文（William McRaven）所著。（中譯本：威廉・麥克雷文著，陳思華譯，《鋼鐵意志：10個讓你立刻行動的超精銳海豹部隊人生改造法則》，高寶書版，二〇一八。）
8. 卡蘿・杜維克（Carol Dweck）著，李芳齡譯，《心態致勝：全新成功心理學》（*Mindset: The New Psychology of Success*），天下文化，二〇一九。
9. 朗達・拜恩（Rhonda Byrne）著，謝明憲譯，《祕密》（*The Secret*），方智，二〇〇七。

10. 柯林・布萊爾（Colin Bryar）與比爾・卡爾（Bill Carr）著，陳琇玲、廖月娟譯，《亞馬遜逆向工作法：揭密全球最大電商的經營思維》（*Working Backwards: Insights, Stories, and Secrets from Inside Amazon*），天下文化，二〇二一。

11. 葛蘭特・卡爾登（Grant Cardone）著，凌瑋譯，《選擇不做普通人》（*The 10X Rule: The Only Difference Between Success and Failure*），久石文化，二〇一八。

12. 箱田忠昭著，吳鏘煌譯，《早上3小時完成一天工作》，春光，二〇一〇。

13. 彼得・布雷格曼（Peter Bregman）著，陳雅茜譯，《關鍵18分鐘：最成功的人如何管理每一天》（*18 Minutes: Find Your Focus, Master Distraction, and Get the Right Things Done*），天下文化，二〇一三。

14. 瑞德・卡洛（Ryder Carroll）著，吳凱琳譯，《子彈思考整理術》（*The Bullet Journal Method: Track Your Past, Order Your Present, Plan Your Future*），天下雜誌，二〇一八。

15. 哈爾・埃爾羅德（Hal Elrod）著，林靜華譯，《上班前的關鍵1小時》（*The Miracle Morning*），平安文化，二〇一七。

16. 梅爾・羅賓斯（Mel Robbins）著，吳宜蓁譯，《五秒法則：倒數 54321，衝了！全球百萬人實證的高效行動法，根治惰性，改變人生》（*The 5 Second Rule: Transform Your Life, Work, and Confidence with Everyday Courage*），采實文化，二〇一八。

17. 梅爾・羅賓斯（Mel Robbins）著，吳宜蓁譯，《五秒法則行動筆記的力量：倒數 54321，GO！超效計畫每一天》（*The 5 Second Journal: The Best Daily Journal and Fastest Way to Slow Down, Power Up, and Get Sh*t Done*），采實文化，二〇一九。

18. 大衛・艾倫（David Allen）著，向名惠、林淑鈴譯，《搞定！：工作效率大師教你，事情再多照樣做好的搞定5步驟》（*Getting Things Done: The Art of Stress-Free Productivity*），商業周刊，二〇一六。

19. 史蒂芬・柯維（Stephen Covey）與西恩・柯維（Sean Covey）著，顧淑馨譯，《與成功有約：高效能人士的七個習慣》（*The 7 Habits of Highly Effective People*），天下文化，二〇二〇（三十週年全新增訂版）。

20. 史蒂芬・柯維（Stephen Covey）著，殷文譯，《第8個習慣：從成功到卓越》（*The 8th Habit: From Effectiveness to Greatness*），天下文化，二〇一九（全新修訂版）。

21. 詹姆斯・克利爾（James Clear）著，蔡世偉譯，《原子習慣：細微改變帶來巨大成就的實證法則》（*Atomic Habits: An Easy & Proven Way to Build Good Habits & Break Bad Ones*），方智，二〇一九。

22. 查爾斯・杜希格（Charles Duhigg）著，鍾玉玨、許恬寧譯，《為什麼我們這樣生活，那樣工作？》（英文原名為 *The Power of Habit: Why We Do What We Do in Life and Business*，意譯為「習慣的力量」），大塊文化，二〇一二。

23. 布萊恩・崔西（Brian Tracy）的《不要找藉口：自我紀律的力量》（*No Excuses! The Power of Self-Discipline*）（中譯本：布萊恩・崔西著，樂為良譯，《自律的力量：甩開失敗藉口的21項守則》，大師輕鬆讀，二〇一三。）

24. 安琪拉・達克沃斯（Angela Duckworth）著，洪慧芳譯，《恆毅力：人生成功的究極能力》（*Grit: The Power of Passion and Perseverance*），天下雜誌，二〇二〇（暢銷新訂版）。

25. 史考特・楊（Scott H. Young）著，林慈敏譯，《超速學習：我這樣做，一個月學會素描，一年學會四種語言，完成MIT四年課程》（*Ultralearning: Master Hard Skills, Outsmart the Competition, and Accelerate Your Career*），方智，二〇二〇。

26. 羅伯特・特維格（Robert Twigger）著，許恬寧譯，《微精通：從小東西學起，快快學，開啟人生樂趣的祕密通道》（*Micromastery: Learn Small, Learn Fast, and Find the Hidden Path to Happiness*），大塊文化，二〇一八。

27. 喬登・彼得森（Jordan B. Peterson）著，劉思潔、何雪綾譯，《生存的十二條法則：當代最具影響力的公共知識分子，對混亂生活開出的解方》（*12 Rules for Life: An Antidote to Chaos*），大家出版，二〇一九。

28. 沃克（Matthew Walker）著，姚若潔譯，《為什麼要睡覺？：睡出健康與學習力、夢出創意的新科學》（*Why We Sleep: The New Science of Sleep and Dreams*），天下文化，二〇一九。

29. 安德斯・韓森（Anders Hansen）著，張雪瑩譯，《真正的快樂處方：瑞典國民書！腦科學實證的健康生活提案》（*HJÄRNSTARK: Hur motion och träning stärker din hjärna*），究竟，二〇二〇。

30. 水島廣子著，楊詠婷譯，《給不小心就會太在意的你：停止腦中小劇場，輕鬆卸下內心的重擔！》，大好書屋，二〇一九。

31. 和田秀樹著，伊之文譯，《擺脫不安的50個情緒修補練習》，三采文化，二〇二一。

32. 強納森・海德（Jonathan Haidt）著，李靜瑤譯，《象與騎象人：全球百大思想家的正向心理學經典》（*The Happiness Hypothesis: Finding Modern Truth in Ancient Wisdom*），究竟，二〇二〇。

33. 艾克哈特・托勒（Eckhart Tolle）著，梁永安譯，《當下的力量：通往靈性開悟的指引》（*The Power of Now: A Guide to Spiritual Enlightenment*），橡實文化，二〇一五（全新紀念版）。

34. 根本裕幸著，葉廷昭譯，《高敏感卻不受傷的七日練習》，采實文化，二〇一八。

35. 拉斐爾・桑坦德雷烏（Rafael Santandreu）著，龔貽、徐國柱譯，《讓人生停止灰暗的藝術：變消極為積極的13個思維開關》（*El arte de no amargarse la vida: Las claves del cambio psicólogico y la transformación personal*），中信出版集團，二〇一七。

36. 龍悠（Aljoscha Long）與朗諾德・史威普（Ronald Schweppe）著，陳繪茹譯，《烏龜的七個秘密：歐陸最暢銷自我凝聚練習，讓平靜安穩由內而生》（*Die 7 Geheimnisse der Schildkröte: Den Alltag entschleunigen, das Leben entdecken*），遠流，二〇二〇。

37. 寺田真理子著，黃詩婷譯，《療癒身心的書目療法：在對的時間讀到對的書，透過7個選書練習，釋放每個過度努力的你！》，墨刻，二〇二一。

38. 托尼・羅賓斯（Tony Robbins）著，劉建位譯，《錢：7步創造終身收入》（*Money Master the Game: 7 Simple Steps to Financial Freedom*），中信出版集團，二〇一八。

39. 提摩西・費里斯（Timothy Ferriss）著，蔣宜臻譯，《一週工作4小時：擺脫朝九晚五的窮忙生活，晉身「新富族」！》（*The 4-Hour Workweek: Escape 9-5, Live Anywhere, and Join the New Rich*），平安文化，二〇一四。

40. 羅勃特・T・清崎（Robert T. Kiyosaki）著，MTS翻譯團隊譯，《富爸爸，窮爸爸》（*Rich Dad, Poor Dad*），高寶書版，二〇一八（二十週年紀念版）。

41. 湯瑪斯・史丹利（Thomas Stanley）與威廉・丹柯（William Danko）著，凌瑋譯，《原來有錢人都這麼做：效法有錢人的理財術，學習富人的致富之道》（*The Millionaire Next Door*），久石文化，二〇一七。

42. 松浦彌太郎著，王蘊潔譯，《不再為錢煩惱——松浦彌太郎的新金錢術》，天下文化，二〇一三。

43. 羅伯特・格林（Robert Greene）與朱斯特・艾爾弗斯（Joost Elffers）著，金馬、盧安安、張小玲譯，《權力的48條法則》（*The 48 Laws of Power*），東方出版中心，二〇〇七。

44. 羅伯・薩波斯基（Robert Sapolsky）著，吳芠譯，《行為：暴力、競爭、利他，人類行為背後的生物學》（*Behave: The Biology of Humans at Our Best and Worst*），八旗文化，二〇一九。

45. 松浦彌太郎著，林信帆譯，《創造人生的夥伴》，敦煌文藝，二〇一九。

46. 葛瑞絲·雷堡（Grace Lebow）與芭芭拉·肯恩（Barbara Kane）著，劉慧玉譯，《如果父母老後難相處：如何陪伴他們走過晚年，而不再彼此傷害？》（*Coping With Your Difficult Older Parent: A Guide for Stressed-Out Children*），橡實文化，二〇一八。

47. 唐·米蓋爾·魯伊茲（Don Miguel Ruiz）與珍妮特·密爾斯（Janet Mills）著，蕭寶森譯，《打破人生幻鏡的四個約定：你不必被困在這裡，而是活出前所未有的滿足、快樂與自由！》（*The Four Agreements: A Practical Guide to Personal Freedom*），柿子文化，二〇二一。

48. 戴爾·卡內基（Dale Carnegie）著，*How to Win Friends and Influence People*，中譯名為《人性的弱點》。

49. 克里斯·佛斯（Chris Voss）與塔爾·拉茲（Tahl Raz）著，許恬寧譯，《FBI 談判協商術：首席談判專家教你在日常生活裡如何活用他的絕招》（*Never Split the Difference: Negotiating As If Your Life Depended On It*），大塊文化，二〇一六。

50. 萊拉·朗德絲（Leil Lowndes）著，鄭煥昇譯，《跟任何人都可以聊得來：巧妙破冰，打進團體核心，想認識誰就認識誰》（*How to Talk to Anyone: 92 Little Tricks for Big Success in Relationships*），李茲文化，二〇二二。

51. 李起周著，尹嘉玄譯，《說話的品格：把真心放入話中的24個練習》，漫遊者，二〇一八。

52. 法蘭克·賽斯諾（Frank Sesno）著，林力敏譯，《精準提問的力量：成功的人，用「提問」解決問題！》（*Ask More: The Power of Questions to Open Doors, Uncover Solutions, and Spark Change*），三采文化，二〇二二（經典暢銷版）。

53. 奧麗薇亞·卡本尼（Olivia Cabane）著，胡琦君譯，《魅力學：無往不利的自我經營術》（*The Charisma Myth: How Anyone Can Master the Art and Science of Personal Magnetism*），天下文化，二〇一七。

學做龍蝦或騎象人

——一名文藝工作者的生活學指南

米哈

責任編輯
李宇汶

書籍設計
姚國豪

出版
P. PLUS LIMITED
香港北角英皇道四九九號
北角工業大廈二十樓
20/F., North Point Industrial Building,
499 King's Road, North Point, Hong Kong

香港發行
香港聯合書刊物流有限公司
香港新界荃灣德士古道二二〇至
二四八號十六樓

印刷
美雅印刷製本有限公司
香港九龍觀塘榮業街六號四樓A室

版次
二〇二三年六月香港第一版第一次印刷

規格
三十二開（128mm × 185mm）
二六四面

國際書號
ISBN 978-962-04-5280-2